7.95

D1251181

Le père Émile Legault et le théâtre au Québec

En couveruture:
emblème des Compagnons de saint Laurent
dessiné par Jacques Gagnier.

Conception graphique:
François de Villemure.

ÉTUDES LITTÉRAIRES

Le père Émile Legault et le théâtre au Québec

Anne Caron

FIDES

235 est, boulevard Dorchester, Montréal

ISBN : 0-7755-0691-5

Numéro de la fiche de catalogue
de la Centrale des Bibliothèques — 78-09048

Statue de bois polychrome, représentant le patron des Compagnons de saint Laurent, réalisée par Fernand Py en 1939 et offerte par l'artiste au père Émile Legault.

Nous tenons à remercier, pour leur précieuse collaboration, le père Émile Legault, messieurs Adrien Thério et David Hayne.

Introduction

Le théâtre québécois de 1920 à 1937

> Je ne sais pas d'état qui deman-
> de des moeurs plus pures que le
> théâtre.
>
> Diderot.

L'ensemble des questions soulevées par la réalité d'un théâtre national et contemporain de langue française au Canada, et plus spécifiquement au Québec, fait aujourd'hui encore l'objet d'une discussion qui ne semble pas près de se clore. Cette réalité apparaît comme indissolublement liée au phénomène d'abord social et culturel, puis politique, de sa dramaturgie ainsi qu'à une multiplicité d'interprétations d'ordre esthétique (sur les plans théorique et pratique) quant à sa formule artistique. Les débuts et l'orientation de ce théâtre demeurent, au moins sous certains aspects, une sorte d'énigme. Il est difficile d'établir une stricte «périodisation» historique, si l'on s'en tient aux divergences d'opinions exprimées par nos critiques, historiens et biographes, à ce sujet. Les premières manifestations théâtrales en Nouvelle-France remontent au XVIIe siècle, soit il y a environ 350 ans, comme l'affirme Jean Béraud. Ce n'est cependant qu'au XXe siècle, et plus précisément vers les années 40 et 50, qu'une tradition théâtrale typiquement «canadienne» d'expression française commence à se faire reconnaître.

L'étude du théâtre contemporain, c'est-à-dire du théâtre de 1940 à nos jours, nous oblige à faire des distinctions fondamentales entre ce qu'on nommait, il n'y a pas très longtemps, «théâtre canadien-français» et ce qu'on définit, depuis la révolution tranquille, comme étant «le nouveau théâtre québécois». Bien entendu, le premier influence l'action du second; mais, malgré leurs aspirations communes, ils se distinguent nettement quant à leur essence. Michel Bélair, dans son ouvrage le *Nouveau Théâtre québécois,* déclare à ce propos:

> Avant d'être québécois, le théâtre d'expression française au Québec a d'abord été canadien. Canadien par ses thèmes, par les problèmes à caractère universel qu'il abordait et, aussi, par une dénégation certaine du contexte civilisationnel dans lequel il se manifestait [...]. Toutefois, il faut bien admettre que le théâtre québécois s'inspire de certains «ancêtres»; ici comme ailleurs il ne saurait en effet être question de germination spontanée[1].

Puis il ajoute:

> La notion du théâtre québécois est tout entière fondée sur l'idée même de la reconnaissance d'un fait, d'un donné québécois[2].

Pour ainsi dire, une littérature dramatique de nature canadienne-française ne s'articule que depuis l'après-guerre et sert d'entrée en matière au fait théâtral québécois qui, lui, n'est que très récent si l'on considère son affirmation revendicatrice, sa nature socio-politique actuelle et son langage.

Toutefois, un nouveau courant dramatique ne se manifeste pas simplement par son contexte littéraire. Il doit également s'interpréter d'après les données constitutives de son expression artistique, de son évolution scénique et de sa conception esthétique, sans lesquelles le fond dramatique reste très fragmentaire. Comme l'explique Jan Doat, éminent metteur en scène:

> Ainsi le théâtre n'est-il ni un spectacle, ni une annexe de la littérature à quoi la représentation ne donne qu'une forme momentanée... Mais un acte où chaque élément n'est valable qu'autant qu'il soumet le spectacle à sa signification supérieure dans un échange vivant[3].

Ce que nous tâchons de retracer dans le présent ouvrage, c'est le sens du mouvement de réévaluation et d'expérimentation qui s'effectua sur notre scène, il y aura bientôt trente-cinq ans. Mouvement qui, par ses recherches structurales, stylistiques ou techniques, prépara un milieu propice à l'établissement d'un théâtre au Canada français; ébauche qui sut, en outre, créer un climat favorable à l'éclosion d'un art dramatique vivant ainsi qu'une justification bien canadienne, et plus tard québécoise, de notre dramaturgie. On pourrait dresser une longue liste de personnages qui ont soutenu ce projet d'assainissement et de réhabilitation du théâtre au Canada français, au cours des dernières décennies. Cependant, c'est le nom du père Émile Legault qui figure en tête, car il fut indiscutablement le chef de file du renouveau de ce théâtre. Le père Legault — tout comme ses inspirateurs: Copeau, Chancerel, Ghéon et Stanislavski — s'appliqua de toutes ses forces à favoriser

... l'ennoblissement du poète dans son inspiration, l'élargissement du critique dans sa compréhension, la bonne volonté du public et son assiduité, la sincérité du metteur en scène dans ses audaces, l'imagination de l'architecte dans le plan de la scène et de la salle, la modestie, la science, la pureté de l'acteur[4].

Tâche énorme qu'il sut envisager avec intelligence, lucidité et optimisme, et qui lui valut la réputation d'initiateur et de réformateur du théâtre d'expression française au Canada.

En ce sens, on peut dire que, dès la saison 1939-1940, les réalisations des Compagnons de saint Laurent sur la scène montréalaise, sous la direction du père Legault, annoncent déjà une modification dans le domaine de l'art et de la production dramatique d'origine canadienne-française. Certes, une transformation radicale ne se fait pas du jour au lendemain; pourtant, nous ne pouvons douter de leur influence puisque, progressivement, les Compagnons parviendront à changer les conditions physiques et intellectuelles du milieu théâtral, tant sur le plan professionnel que parmi les troupes d'amateurs. Le père Legault et ses disciples furent, en effet, les premiers à présenter un «théâtre poétique, populaire, spiritualiste (...) dans une rigueur esthétique, au milieu d'un climat chrétien[5]».

Il y a donc un contraste frappant entre cette période qui voit naître des entreprises originales et l'étape précédente qui n'avait fait aucun effort de renouvellement. Ces faits peuvent sembler quelque peu schématiques et incomplets. Pour mieux comprendre et interpréter l'oeuvre du père Legault et la portée de son aventure avec les Compagnons, il est nécessaire, tout d'abord, de préciser les traits caractéristiques de cette période d'infertilité et d'inertie qui a précédé l'époque contemporaine.

Entre 1920 et 1939, le théâtre au Canada français traverse une phase critique; en fait, son existence n'est que très marginale. Sans doute, y a-t-il une relation entre l'apathie qui se manifeste sur la scène et les troubles économico-politiques qui marquent ces années difficiles. D'abord, à la période pseudo-prospère de 1920 à 1930 succède la dépression des années 30: la politique québécoise, en mouvement constant de flux et de reflux, aboutit au régime duplessiste en 1936; la menace d'une deuxième guerre mondiale et de la conscription entraîne avec elle une instabilité collective d'ordre moral et intellectuel; finalement, le retard culturel au Québec se prolonge dans un climat de laisser-faire. Comme nous pouvons le constater, ces conditions ne sont certainement pas favorables à l'épanouissement des arts de la scène. Comme toujours, le roman demeure le genre littéraire le plus populaire, suivi de près par la poésie et reléguant à l'arrière-plan la dramaturgie et le théâtre.

Par ailleurs, il faut reconnaître que l'essor de l'industrie cinématographique «parlante», américaine et française, pose à son tour un problème, car elle entre en concurrence sérieuse avec le théâtre. Par l'intermédiaire d'un procédé plus abordable et plus attirant, cet «art nouveau», malgré ses imperfections, s'assure un succès facile auprès d'une clientèle populaire.

> En effet, face aux acquisitions nouvelles de la diffusion de masse que l'industrie de l'amusement accapare en les développant, le théâtre-représentation fait figure d'anachronisme. La portée de son message, comparée à celle [...] du cinéma, est dérisoire[6].

La radio, elle aussi, fait obstacle à notre évolution dramatique. La variété des émissions apparaissant à la programmation attire un auditoire hétéroclite. La majorité des auteurs de nos pièces radio-

12

phoniques se contentent de présenter un assortiment d'improvisations discutables desservies par des interprétations dramatiques de troisième ordre. Ces abus ne contribuent assurément pas à l'amélioration d'un répertoire déjà sous-alimenté. En 1939, toutefois, on note une salutaire réaction:

> En présentant son programme de théâtre classique, bien qu'en principe elle le destinait aux élèves de nos maisons d'enseignement secondaire, la Société Radio-Canada affrontait avec bonheur des entreprises plus soucieuses de l'affaire qu'intéressées à l'esthétique, substituait [...] à des jeux dramatiques d'un goût douteux, des oeuvres de grande inspiration[7].

L'impact de ces nouvelles formes d'expression polarise l'élément assimilateur-participateur, soit le public, déséquilibre l'univers théâtral et le laisse dans une position tout à fait précaire.

Ces facteurs sont en partie responsables du manque d'enthousiasme et d'intérêt de la part du public à l'égard de la production dramatique de l'époque. Mais il y a d'autres causes qui se rattachent plus directement à la lenteur des réformes qu'on attend.

En premier lieu, du point de vue des finances, la situation n'est guère rose. Toute entreprise de théâtre doit se suffire à elle-même, car il n'existe aucun régime de subventions culturelles. Si l'on tient compte du principe de l'esthétique économique au théâtre, qui rappelle, selon les paroles de Michel Bélair «que l'esthétique de toute forme théâtrale (est) liée directement aux facteurs économiques qui la conditionnent[8]», il n'est pas étonnant d'apprendre que nos troupes d'essai ont eu une vie éphémère. Strictement préoccupés de recettes, les directeurs et les imprésarios de ces groupes soi-disant «professionnels» encouragent des spectacles boulevardiers qui ne tiennent l'affiche que peu de temps. En général, les saisons sont courtes et peu rentables. Étant donné l'inexpérience des acteurs et des régisseurs — car nous ne possédons pas encore de metteurs en scène dans le vrai sens du mot —, la plupart de nos activité professionnelles sentent le dilettantisme et échouent désastreusement. À l'exception peut-être de quelques tentatives esquissées au théâtre Stella, à l'Académie canadienne d'art dramatique, au théâtre de l'Arcade, chez les Anciens du Gesù et au Monument national. Les présentations scéniques se ressentent aussi de l'état financier de l'entreprise. Aucune innovation, aucune originalité dans la mise en scène et la mise en espace d'une production théâtrale. On s'enracine dans les clichés réalistes et naturalistes français qui tendent au vulgaire et au pragmatisme.

Rien de surprenant, donc, si la scène montréalaise, depuis le début du siècle, doit s'alimenter presque totalement à des compagnies françaises de passage, comme «celles de Féraudy, de Sacha Guitry, de Firmin Gémier, de Cécile Sorel, de Gaby Morlay, de Collin et de qui encore[9]». Toutefois, ces présentations, souvent trop espacées, n'ont aucun effet immédiat auprès d'un public amorphe et changeant, qui peut difficilement juger d'un théâtre qui a certaines exigences intellectuelles et artistiques. Ajoutons que l'incompétence de la critique dramatique est partiellement responsable de l'ignorance du public:

> Le feuilletoniste théâtral, lui, se contente de signaler le fait. Il lui arrive rarement, à peu près jamais, de s'exercer à la critique. D'ailleurs, il n'est là que par accident. Il joue «les utilités». Service transitoire. [...] Au commencement du siècle, il s'en trouvait pour fustiger, au nom du gros bon sens, ceux-là qui jugeaient du théâtre comme s'ils avaient jugé d'une course de chevaux ou d'un crime passionnel[10].

L'on n'a qu'à consulter les journaux quotidiens de l'époque pour être fixé là-dessus!

Quant aux troupes d'amateurs, elles ne fonctionnent que dans un univers très limité; leur but est «de distraire et de servir», par l'entremise d'un répertoire qui ne dépasse guère «... les cadres du mélodrame. Les classiques et les romantiques (sont) tenus à distance et pour cause. Le théâtre littéraire (présente) trop d'écueils pour nos jeunes artistes malgré leur témérité[11]». Autrement dit, elles sont aussi inefficaces dans leur rendement que leur contrepartie professionnelle. Maurice Déléglise n'avait certainement pas tort de dire:

> Au Canada, la vie dramatique s'est exclusivement développée dans les grands collèges religieux, dont les salles abritent la plupart des manifestations importantes[12].

«Importantes», parce qu'ici l'activité scénique s'articule dans un cadre dramatique salubre et orthodoxe, éloigné de la facticité et de la concurrence commercialisée, loin du cabotinage et de la fausseté. On y joue principalement du théâtre religieux, du théâtre classique et du théâtre moderne à partir de 1930, délaissant ainsi «les mélos chrétiens, les adaptations bâtardes de Labiche et Sardou, les farces de caserne[13]». Ajoutons que les «séances» montées par nos groupes de collégiens font preuve de souci esthétique et de qualité dramatique, valeurs trop souvent ignorées sur la scène professionnelle. Le collège de Saint-Laurent, en banlieue de Montréal, donne le ton. Son bilan des années 1932-1936 indique un retour aux formes théâtrales de qualité et demeure assez impressionnant, si l'on considère l'indigence intellectuelle de cette décennie. En voici un échantillon:

> 1932: *Gilles* de Henri Ghéon.
> 1933: *Athalie* de Racine.
> 1934: *Polyeucte* de Corneille.
> 1935: *Noé* d'André Obey,
>   *Britannicus* de Racine.
> 1936: *Horace* de Corneille,
>   *le Comédien et la grâce* de Henri Ghéon[14].

Bien entendu, l'auditoire est restreint, mais on a la consolation de le voir réagir sainement. Et, du moins, s'applique-t-on dans ce milieu à transformer d'une manière positive et concrète l'atmosphère d'indifférence et de puérilité qui dure depuis trop longtemps au théâtre.

Toutefois, l'absence totale d'une dramaturgie essentiellement canadienne-française se fait gravement sentir. Jusqu'en 1948, les pièces de notre répertoire «... ne comptent guère plus, dans l'histoire d'un théâtre national[15]», car nos auteurs n'ont pas su créer une ambiance convenable à l'exécution d'un théâtre représentatif d'une idéologie au sens vraiment canadien-français, ni éveiller un sentiment inné de la personnalité québécoise. Victor Barbeau, d'ailleurs, résume cet hiatus:

> Chaque fois qu'on monte une pièce canadienne en croirait assister à un début. L'indifférence du public est en rapport constant avec l'inexpérience des écrivains [...]. On ne sent ni chez l'un ni chez les autres le désir d'un théâtre bien à nous[16].

Il suffit de dire que le théâtre au Canada français subit une grave régression. En fait, ce n'est qu'à travers une prise de conscience collective et la manifestation d'une identité réelle que s'imposera cette tradition théâtrale nationale, pourtant si indispensable à la vie normale d'un peuple.

Puisque notre propre dramaturgie ne commence à vivre vraiment qu'avec la réalisation de *Ti-Coq*, de Gratien Gélinas, on peut se demander ce qu'on présente avant lui sur les trétreaux. Depuis plusieurs années déjà, le théâtre réaliste bourgeois français encombre nos salles. Les spectacles, d'habitude dénués de vérité scénique comme d'intérêt artistique, se composent surtout de mélodrames, de comédies de salon, de vaudevilles absurdes et de pièces à thèse. On s'abandonne aux écrivains en vogue:

> Le seul théâtre joué occasionnellement est celui de Bataille, de Bernstein, de Denys Amiel, de Frondaie et autres boulevardiers à succès de l'entre-deux-guerres, avec de rares incursions chez Rostand, chez Feydeau, chez Sardou, chez de Flers et Caillavet[17].

Ainsi, la pénurie d'une littérature dramatique entièrement nôtre nous limite à un répertoire étranger, de caractère douteux. Comme nous l'avons déjà mentionné, quoique les grands auteurs classiques soient parfois abordés, surtout par des troupes estudiantines, ils demeurent presque inconnus. Notre avenir théâtral n'est donc guère prometteur.

En vérité, l'ensemble de ces circonstances défavorables ne peut qu'affaiblir les liens entre le théâtre et le public et n'apporte rien de significatif dans ce domaine. Ce ne sera qu'à l'insistance du père Émile Legault et de sa troupe des Compagnons de saint Laurent, composée presque totalement de jeunes étudiants, que l'univers théâtral commencera à vivre au Canada français.

Dans les chapitres qui suivent, nous essaierons de faire voir les influences précises qui furent à la source de l'inspiration du père Legault et nous tenterons de définir son rôle comme «pionnier» de la scène québécoise. Nous suivrons ensuite le père Legault dans son aventure avec les Compagnons de saint Laurent, puis nous interrogerons le public et la critique québécoise. Ce n'est qu'à partir de ces données qu'on pourra reconnaître l'importance de cette aventure dans la réalisation d'un théâtre essentiellement «canadien-français».

1. Éditions Leméac, Montréal, 1973, p. 12
2. *Ibid.*, p. 20.
3. *Théâtre, portes ouvertes,* Cercle du Livre de France, Montréal, 1970, p. 52.
4. Jacques COPEAU, «Remarques autour du jeune théâtre d'aujourd'hui», dans les *Cahiers des Compagnons,* I, 1, sept-oct. 1944, p. 10.
5. Émile LEGAULT, «Nous ouvrons un chantier ___», *ibid.,* p. 3.
6. Émile COPFERMANN, *Le Théâtre populaire pourquoi?,* Maspéro, Paris, 1965, p. 9.
7. Léopold HOULÉ, *L'Histoire du théâtre au Canada,* Fides, Montréal, 1945, p. 96.
8. Michel BÉLAIR, *Le Nouveau Théâtre québécois,* p. 105.
9. Léopold HOULÉ, *op. cit.,* p. 91.
10. *Ibid.,* pp. 104-105.
11. *Ibid.,* p. 125.
12. *Le Théâtre de Henri Ghéon,* Sion, Paris, 1947, p. 266.
13. Émile LEGAULT, *Confidences,* Fides, Montréal, 1955, p. 81.
14. Programme *Huon de Bordeaux,* Collège de Saint-Laurent, 1947.
15. J.-C. GODIN et R. MAILHOT, *Le Théâtre québécois,* Éditions HMH, Montréal, 1970, p. 22.
16. Victor BARBEAU, *Cahiers de Turc,* IX, 2e série, 1er juin 1927, p. 239.
17. Jean HAMELIN, *Le Renouveau du théâtre au Canada français,* Éditions du Jour, Montréal, 1961, p. 8.

Chapitre I

Initiation du père Legault au théâtre

Pour ramener la joie dans l'art,
il faut faire appel à la jeunesse.
Gordon Craig.

Nous venons d'évoquer, de façon très sommaire, la position ambiguë qu'occupe le théâtre de l'entre-deux-guerres, au Canada français. Il faut convenir qu'à cette époque le spectacle de la scène a perdu sa justification profonde, voire sa raison d'être. C'est l'évidence: il faut maintenant que la scène chez nous se transforme, se métamorphose si l'on ne veut pas retomber dans l'artifice et l'exploitation commerciale.

Or, le rétablissement ou plutôt «l'établissement» d'une tradition théâtrale vivante et progressive, dans ce milieu, implique au préalable une redéfinition de la fonction morale et socio-culturelle du théâtre, une restructuration de ses formes et de ses conventions et une remise en question globale des principes essentiels à l'élaboration d'une réforme artistique. C'est toutefois vers la fin des années 30 seulement que les exigences de l'époque changent et qu'une tentative de ce genre s'articule. En effet, le point de départ d'un renouveau théâtral dans le milieu québécois est axé sur la fondation des Compagnons de saint Laurent par le père Émile Legault, dont la pensée et l'action sont à l'origine de ce mouvement émancipateur.

Le père Émile Legault, l'homme de théâtre, est à la fois un personnage complexe et «engagé», érudit et clairvoyant. Convaincu de la nécessité d'une réforme profonde dans le domaine du théâtre, il eut le mérite de comprendre qu'elle ne réussirait que si ses assises reposaient sur des valeurs éthiques autant qu'esthétiques. Oeuvrant en terre vierge, il chercha à ramener l'art théâtral à sa pureté, à sa simplicité originelle et à réacclimater la poésie à la scène. Persévérant et courageux, il chercha à répondre de façon toujours plus complète aux exigences d'un théâtre esthétiquement «pur», au sens littéral du terme, par un retour aux grandes traditions. Tentant une expérience dont il ne pouvait prévoir toutes les difficultés et les problèmes, il insuffla au théâtre canadien-français une vie nouvelle. Il fut un de ces novateurs qui entreprennent de grandes réformes sans argent, sans autres ressources que leur détermination et leur foi.

Pendant plus de vingt ans, ce jeune religieux se consacre à la scène d'une façon exemplaire, y tenant tous les rôles imaginables: celui de directeur artistique, de metteur en scène, d'administrateur, de régisseur, de théoricien et de praticien de l'art dramatique. Non seulement est-il reconnu aujourd'hui comme le champion attitré de la renaissance du théâtre au Canada français, mais il est aussi l'un des premiers individus à avoir «assumé la lourde obligation de nous prouver la maturité de notre culture[1]». Le but de son entreprise n'est pas alors exclusivement de redonner au théâtre sa probité et sa dignité. Il rêve de voir l'art dramatique canadien-français respecté au même titre que tout autre art. Jusqu'en 1955, il se dépensera sans compter et il ne quittera la scène qu'après y avoir laissé sa marque distinctive. D'ailleurs, avec le recul du temps, on se rend davantage compte de l'importance de son oeuvre dans l'orientation du théâtre «canadien-français». Au même titre, on ne peut minimiser l'in-

Henri Ghéon au presbytère de Saint-Laurent, en 1938.

fluence qu'elle eut sur le dégel, culturel et social, au Québec et sur l'avènement du nouveau théâtre québécois.

Qu'est-ce qui attira le père Legault à la scène? Quels furent les influences marquantes et les facteurs déterminants qui l'incitèrent à entreprendre, avec les Compagnons, un travail qui demeure la grande oeuvre de sa vie? Notre intention n'est pas ici de reconstituer les éléments biographiques de la vie du père Legault. Nous voulons plutôt dégager les motifs déterminants de son évolution personnelle et de son art. Cette approche vise à en tirer les perspectives les plus révélatrices, qui faciliteront par ailleurs une étude critique du travail que cet homme a accompli. De cette façon, nous espérons montrer comment les idées de l'animateur des Compagnons se sont transformées et précisées, se cristallisant éventuellement autour d'une doctrine esthétique largement inspirée par Jacques Copeau.

Disons au départ que la formation du père Legault se fait en plusieurs étapes, chacune lui apportant, en des temps différents, des considérations nouvelles et des exigences propres. Ainsi, le Père présente-t-il l'exemple d'une évolution constante et soutenue; cette transformation successive s'articule avec une remarquable cohérence à partir de son très jeune âge jusqu'à sa maturité artistique. Il est toujours risqué de rechercher dans les petits faits de l'enfance les signes annonciateurs d'une vocation future. Toutefois certaines indications concrètes, fournies par le père Legault lui-même, méritent sans doute d'être éclaircies.

Le troisième de sept enfants, Émile Legault est né le 29 mars 1906 à Saint-Laurent, en banlieue de Montréal. À première vue, il n'est rien de sa petite enfance qui laisse clairement prévoir une carrière dramatique. Cependant, les modestes événements et les influences toutes proches qui ont suscité son penchant pour le théâtre semblent dater de cette époque. Alors qu'ils sont encore très jeunes, madame Legault révèle à ses enfants le mystérieux univers de l'improvisation, du jeu et de la poésie. Pour Émile, c'est la fuite vers un monde imaginaire, fantaisiste et captivant. Plus tard, pendant ses vacances, avec ses frères et soeurs, cousins et voisins, il joue dans de petites saynètes mises en scène par «le grand cousin Adélard». Voilà sa première initiation aux règles élémentaires du jeu conventionnel, dans ce théâtre de poche aménagé au sous-sol de la maison paternelle. Parlant de sa jeunesse en 1946, dans un article publié dans les *Cahiers des Compagnons,* le Père déclare sans hésitation: «L'aventure des Compagnons, c'est là qu'elle a pris naissance, dans cette cave de la maison, où j'ai contracté le virus du théâtre[2].» C'est sans doute ici qu'il faut trouver la source de ce que sera sa conception du jeu théâtral: cette transposition dans l'art des jeux d'enfants.

Assurément, ses notions sont encore très fragmentaires et imprécises, mais ces plongées dans l'irréel, dans le suggestif, sont un avant-goût de ce qu'il essaiera de retrouver plus tard, dans la poésie scénique. Pour le moment, il s'amuse au jeu de l'interprétation, purement et simplement, et à ce sujet il dira:

> Il manquait sur tout cela un style, un sens de la transposition, un rythme. Nous ignorions ces aspects de l'art dramatique[3].

Sauf ces pièces inventées et le jeu des «charades», le père Legault n'eut aucun contact avec la scène avant son adolescence. Cependant, il avouera dans *Confidences* que ces petits divertissements «n'ont pas pu ne pas avoir une influence sur les activités qui ont absorbé plus de vingt ans de ma vie. (Ils) accentuèrent, en tout cas, mes premières hantises et mes premiers émerveillements devant le mystère dramatique[4].»

Adolescent, le jeune Legault poursuit des études classiques au Collège de Saint-Laurent. Il y découvre la vraie scène pour la première fois et ce sera le début d'une fréquentation assidue des séances semestrielles présentées par les élèves de cet établissement. En dépit de la quasi-médiocrité du répertoire, il prend plaisir à ce théâtre amateur. Jeune collégien, il brûle d'envie de monter sur les planches. Il devra toutefois se contenter d'assister aux représentations comme spectateur et d'observer l'action qui se déroule sur la scène. Du reste, ceci lui permettra d'approfondir quelque peu ses connaissances très limitées en théâtre. Fait curieux, à ce moment-là les costumes et les décors ne l'intéressent pratiquement pas. Ce sont plutôt l'art et le métier du comédien qui l'inquiètent, comme il le note lui-même:

> Notre admiration se centrait surtout sur les comédiens. Je les observais, tâchant à découvrir le secret de cette puissance héroïque dont ils étaient investis[5].

23

Chose qu'il retiendra assurément, car la formation du comédien deviendra l'un de ses soucis essentiels lorsqu'il se consacrera sérieusement au théâtre en 1937. Petit à petit, le jeune Émile découvre la matière même de l'art dramatique: l'émotion humaine, ce lien intime qui rattache l'acteur au public. Doué d'une imagination fertile et mêlant le réel au fictif, il s'identifie facilement aux personnages dramatiques; il est conscient de l'échange vivant qui se produit entre ses copains-comédiens et lui-même. Néanmoins, l'orchestration précise de tous les éléments de la mise en scène lui échappe encore presque totalement.

Pour l'instant, le théâtre amateur lui fournit ample matière à réflexion. On lui accorde parfois la permission d'aller voir des pièces à Montréal. Il n'en garde, dit-il qu'un vague souvenir. Il se peut que le niveau de ces spectacles ait été hors de sa portée. Ou est-ce la naissance du dédain et de la désapprobation qu'il ressentira plus tard à l'endroit du professionnalisme? Il ne s'agit peut-être bien, en définitive, que d'un manque de perception analytique et du fait qu'il ne soit pas encore assez mûr pour aborder un théâtre adulte et intellectualisé.

Dès ses éléments latins, le jeune collégien se sent appelé vers la prêtrise et, désormais, sa vie restera marquée par l'influence des Pères de Sainte-Croix, chez lesquels il fait son noviciat. «J'avoue, raconte-t-il, que ce qui m'attira à Sainte-Croix, ce fut l'amitié des Pères et la belle camaraderie que je voyais se déployer devant mes yeux d'adolescent[6].» Ce climat de franche camaraderie et cet esprit de cordialité, d'initiative et de coopération, qu'il retrouve chez les Pères de Sainte-Croix seront des qualités qu'il cherchera à imposer lui-même, plus tard, à tous les membres de sa troupe des Compagnons de saint Laurent. Il ne songe aucunement à une carrière dramatique à ce moment-là. Cependant, certains événements se présenteront qui l'orienteront dans cette direction. Élève brillant, Émile partage son temps entre ses études et ses activités avec les Laurentiens, petit groupe fraternel des externes du Collège de Saint-Laurent, durant les vacances. Il joue quelques rôles dans les pièces traditionnelles que montent ces derniers et il apporte son concours à toutes les mises en

Le père Legault reçoit les Palmes académiques du Gouver-. nement français, le 8 mars 1951. De gauche à droite: Louis Jouvet, Émile Legault, Pierre Renoir. (Photo: Photo-Journal.)

…era dans *Confidences:*

…uvrais, tout à coup, un style d'écriture et de traitement …ue carrément établi sous le signe de la poésie[12].

…cette pièce sur le père Legault est tel qu'il la reprendra …is plus tard à Saint-Laurent, où elle sera bien accueillie.

…ce moment, le Père sera obsédé par l'idée de créer un …mystico-poétique stylisé, capable de plaire à un public …n fait, c'est un mode qu'il tâchera d'explorer, de favoriser …re. L'oeuvre de Ghéon exercera une grande influence sur …he d'ailleurs pas la reconnaissance qu'il a envers Ghéon, …t «découvrir le vrai visage du théâtre[13]».

…sieurs années de théâtre collégial, le père Legault sent …ître en lui une «vague inquiétude». Doit-il se vouer au …détriment inévitable de son enseignement?

…ue c'est avec un sentiment de libération qu'il se voit appelé … temporairement la direction du *Journal d'action* …pour la Jeunesse étudiante, en 1935. Ce mouvement de …ants chrétiens lui devient assez rapidement familier car, …édente, il avait monté un «choeur parlé» avec plusieurs …iers, pour le premier congrès de la Jeunesse ouvrière …Le Père estime que ces mouvements ont joué un rôle dans …ent de son expérience auprès des jeunes. Il se sent à l'aise …vironnement de compagnonnage, où l'on s'astreint à des …ès réalistes et à un esprit d'équipe exceptionnel. Bien qu'il …pas de théâtre dans ce milieu, le Père en ressortira plein …ves. C'est, en fait, au cours de ses brefs contacts avec la …ermeront les lignes essentielles de la doctrine esthétique …era plus tard. Ayant médité longuement sur le théâtre, il …rt dramatique chez nous ne regagnera sa signification …'il y a une collusion entre les principes de l'art et ceux de la

…tre ne m'apparaissait plus seulement comme une des parties …leuses de la poésie; je mesurais plus que jamais l'exiguïté d'une …comme l'art pour l'art; je sentais que rien d'autre ne saurait me …r qu'une action dramatique ouvrant quelque perspective sur la …re[14].

…rprenant, donc, qu'il adopte la devise des Compagnons de …ne, disciples de Ghéon, pour sa propre troupe des

Septembre 1946: les Compagnons devant le palais Montcalm (avec leur imprésario pour Québec, le docteur Jean Delâge, et le directeur du palais Montcalm).

scène même lorsqu'il ne joue pas. Ce bref travail avec les Laurentiens le préparera en quelque sorte à son métier d'animateur de théâtre.

Durant cette période d'apprentissage, il se familiarise quelque peu avec la technique du théâtre, mais les moyens de la scène collégiale sont fort rudimentaires. À vrai dire, il ne peut avoir appris beaucoup. Il devra donc attendre «jusqu'à (sa) philosophie pour connaître le choc de beauté que proposent les grands classiques du XVIIe siècle[7]». C'est à Molière qu'il réservera toutefois la place d'honneur lors de ses années au service de la scène. Ce grand dramaturge deviendra d'une certaine manière la divinité tutélaire des Compagnons.

Contrairement à ce que l'on pourrait penser, il n'y aura jamais de conflit entre sa vocation religieuse et son engagement au théâtre. Ces deux forces resteront toujours complémentaires dans le vie du père Legault, l'une se définissant par l'action de l'autre. Dans la religion il retrouve une réponse à ses «exigences spirituelles», tandis qu'au théâtre il satisfait son penchant artistique. Tout cela est dû à la compréhension et à l'encouragement des Pères de Sainte-Croix, qui ne voient aucune objection à la vocation théâtrale d'un des leurs.

Le 29 juin 1930, à l'âge de vingt-quatre ans, Émile Legault est ordonné prêtre. Peu après, il devient professeur au Collège de Saint-Laurent, son alma mater. Un an plus tard, il se voit confier la direction des Laurentiens et il devient le rédacteur en chef du journal officiel du collège:

> J'assumai la direction de la scène collégiale, assez démuni, comptant surtout sur un instinct dramatique qui était, au fond, ma seule justification. Et qui l'est resté. Pour le reste, je commis toutes les erreurs des novices en la matière[8].

Pendant quatre ou cinq ans, le père Legault et son collaborateur, le père Paul-Émile Houle, avancent à tâtons, ne suivant aucune méthode bien définie. Le terrain où ils évoluent leur crée des surprises. Mais, ensemble, ils contribuent à l'épanouissement de l'art dramatique scolaire:

> Le premier [...] excellait à rompre de jeunes acteurs aux difficiles règles de l'art dramatique; le second, servi par un goût très sûr, une culture plus étendue et un sens critique très aiguisé, sut garder (ce) théâtre dans les cadres rigides de la stricte observance de l'art[9].

Il faut souligner que l'action
l'origine d'un mouvement de
collégiale. À ce point de vue, on
peu à peu, à son rôle futur d
dramatique. Par ailleurs, c'e
plusieurs des jeunes comédiens
François Lavigne, Paul Dupui
que quelques-uns.

Comme nous l'avons laiss
fructueuses et «accaparantes» d
la mise en scène. Grâce à un anc
M. Filion, il apprend la techniqu
mouvement et le jeu des acteurs.
lui donnent de l'assurance et lu
comme directeur de troupe. D

> ... que le théâtre n'est pas la ch
> dur, exigeant, laborieux où en
> technique, plus d'inspiration q

Exception faite de quelques au
répertoire collégial de l'époque s'
solennel. Lors de ses premiers
puisera naïvement parmi ces pi
cutivement *Joseph vendu par se*
version masculinisée de *La Fi*
débutant, car il ne mettra pas bea
faut sortir de ce mode suranné,
remplacer par un choix de pièces
donnera la priorité aux classiques
Corneille, Obey. Cependant, sa pl
sera le théâtre de Henri Ghéon. En
fois *Gilles ou le Saint malgré lui,*
sera pour lui une révélation:

> C'était tellement poétique, telle
> théâtre au point de vue esthétiqu
> signes[11].

Puis il ajout
Je déco
dramatiq

L'impact de
quelques m
À partir de
répertoire n
ordinaire. E
et de prescri
lui. Il ne cad
qui lui a fai

Après plu
toutefois na
théâtre, au

Si bien qu
à assumer
catholique
jeunes étud
l'année préc
jeunes ouvr
catholique.
l'élargissem
dans cet en
principes tr
ne s'occupe
d'idées neu
JEC que g
qui le guid
juge que l'
totale que
foi:

Le thé
mervei
théorie
comble
surnatu

Rien de su
Notre-Dar

Compagnons de saint Laurent en 1937:

> Pour la Foi par l'Art dramatique.
> Pour l'Art dramatique en esprit de Foi.

D'ailleurs, il affirmera que c'est bien grâce à l'Action catholique que s'est concrétisée l'idée des Compagnons de saint Laurent. Le père Legault deviendra de plus en plus convaincu que, «à côté des mouvements d'action catholique, à côté des scouts, il y (aura) place pour un groupe de jeunes, désireux de conquérir des âmes par le théâtre et d'aider à la révolution spirituelle[15]». C'est dans cette optique, immédiatement tributaire de l'Action catholique, que ce jeune religieux fera ses premières armes au théâtre. Mais deux ans s'écouleront avant que son projet ne commence à se réaliser.

L'année 1937 marque un point tournant dans sa carrière artistique. Nommé à Saint-Laurent à titre de vicaire, il a l'occasion de se replonger dans le théâtre. Au mois d'août, lors des célébrations du deuxième centenaire de la fondation de Saint-Laurent, il est invité par le curé de la paroisse, le père Théoret, c.s.c., à monter un «mystère» dramatique, sur le parvis de l'église. Ayant gardé une constante nostalgie de la scène depuis son départ du collège, il prépara ce spectacle avec beaucoup d'enthousiasme. Ce projet lui permettra de mettre ses connaissances à l'épreuve et de prendre à nouveau conscience de ses moyens. Entouré de jeunes, dont certains sont de ses anciens élèves, il monte *Le jeu de celle qui la porte fit s'ouvrir,* un jeu marial du père Louis Barjon, s.j. Première manifestation de ce genre à Montréal, elle fait sensation. La presse et la critique en raffolent:

> Or, (le peuple) qui se pressait aux deux premières représentations du «jeu marial» à Saint-Laurent a donné spontanément son verdict. Ils étaient là des milliers (on a parlé de 6000 personnes), figures tendues et silencieuses, sur qui passait une visible émotion à mesure que progressait le «jeu» et qui envahirent (spontanément) le parvis, à la fin, en chantant de pleine voix le Magnificat[16].

En fait, le succès est tel qu'après une série de représentations à Saint-Laurent on décide de reprendre le jeu sur le parvis de Notre-Dame de Montréal. Ce retour à un théâtre populaire, réalisé en plein air et inspiré des traditions chrétiennes de l'antiquité et du moyen âge, s'inscrit dans la ligne même de sa nouvelle formule esthétique.

À la suggestion instante de son «meneur de jeu», Roger Varin, le père Legault amorce la fondation dans sa paroisse d'une compagnie de jeunes amateurs, qui exploiteront un répertoire religieux. «C'est au lendemain de ce spectacle sur le parvis dit-il, que se situe la fondation des Compagnons de saint Laurent[17].» Prenant l'initiative d'une telle entreprise, il s'apprête, à l'âge de trente et un ans, à donner au Canada français un théâtre vivant, établi sur des bases solides. Effectivement, il ne prend pas cette décision à la légère. L'idée de ce théâtre s'était imposée à lui graduellement, au cours de ses années d'apprentissage de la scène. Cette nouvelle aventure est le point culminant d'une pensée strictement personnelle, d'une accumulation de connaissances acquises et d'expériences vécues. Pour lui, cette action voudra dire:

> Quinze années de luttes, de boulot tumultueux, de souffrances et de joies, d'inquiétudes et d'exaltation[18].

Sans aucun doute, les Compagnons sont arrivés à point nommé. Le vrai théâtre n'existant à peu près pas au Canada français, leur fondation répondait à une attente du public. Plus important encore, cette initiative est en quelque sorte déterminante pour l'orientation future du théâtre «canadien-français». Contrairement à la majorité des groupes qui ont oeuvré dans le passé, les Compagnons s'adressent à tout le monde. Travaillant en terre vierge, ils dirigent leur activité dans le sens de la sensibilisation populaire. On verra, d'ailleurs un peu plus loin ce qu'implique cette nouvelle approche du théâtre. Pour l'instant ce mouvement n'est qu'une oeuvre à l'état d'ébauche, une première tentative de réforme. Cependant, l'élan initial est donné et ce n'est pas sans importance. Dans un article publié dans *L'Action nationale* en 1937, Jacques Leduc porte ce jugement sur la nouvelle entreprise du père Legault:

> Nos Canadiens comprendraient-ils un théâtre réduit au minimum?[...] Depuis juillet, nous ne doutons plus [...]. Il suffirait de quelques pères Legault pour saisir ainsi la race au bon moment [...] et la pousser [...] du côté de l'Intelligence. Le père Legault c'est un jeune, et qui a compris d'un coup toutes nos misères[19].

Le départ proprement dit des Compagnons ne prend place qu'en septembre 1937. Ce groupe d'amateurs se recrute exclusivement parmi des acteurs non professionnels et non rétribués. La première équipe ne dépasse pas le nombre de six, c'est-à-dire trois hommes et trois femmes, et s'appuie sur la jeunesse. Les jeunes acteurs qui se rallient autour du père Legault sont Roger Varin, bien entendu, Norman Hartenstein, François Zalloni, Marguerite Groulx-Jalbert, Suzanne Vaudrin et Jeannine Morissette. Plus tard, de nouveaux noms viendront s'ajouter à ce premier noyau: Rolande Lamoureux, Marie Lambert, François Bertrand, Pierre Dagenais, Paul Dupuis, Georges Groulx, Bertrand Gagnon, Sita Riddez, Lucie Dagenais, Marthe Létourneau et, à l'occasion François Lavigne et quelques autres jeunes «mordus» du théâtre. Au départ, la formule de cette nouvelle troupe n'est pas encore bien définie. Elle s'abandonne simplement à un idéal: celui de donner à la notion d'art comme à la notion de foi toute sa plénitude en exploitant modestement le répertoire chrétien moderne. «C'était l'époque souriante et sans problème, comme l'explique le père Legault, des premiers pas mal assurés. Nous baignions dans la légèreté de l'amitié; nous rencontrions l'âme de Henri Ghéon[20].» Ce n'est qu'après son retour d'Europe, en 1939, que le directeur des Compagnons élaborera un genre de manifeste, une charte spirituelle «rigoureuse», par laquelle il définira spécifiquement les buts immédiats des Compagnons et précisera leurs moyens d'action.

Pour le moment, plus encore que de l'énonciation et de la catégorisation de principes, il s'agit de la création d'un certain esprit d'amitié, de sincérité et d'authenticité, où l'ambition personnelle ne prévaudra jamais. Afin de favoriser l'homogénéité parmi les membres de l'équipe, le père Legault impose la règle de l'anonymat à ses comédiens: tel, qui jouera un rôle important dans un spectacle, sera relégué à un rôle secondaire dans un autre. «Ce système, dit Jean Hamelin, a l'avantage de donner au jeu de la troupe beaucoup de cohésion et d'offrir au public des spectacles parfois démunis de nuances, mais enlevés avec prestesse[21].» Soumis à la discipline de leur animateur, les nouveaux Compagnons s'appliquent à la préparation de chaque représentation avec soin. Une étude de

Les Compagnons en coulisse au moment de la détente. (*La Nuit des rois,* avril 1946.)

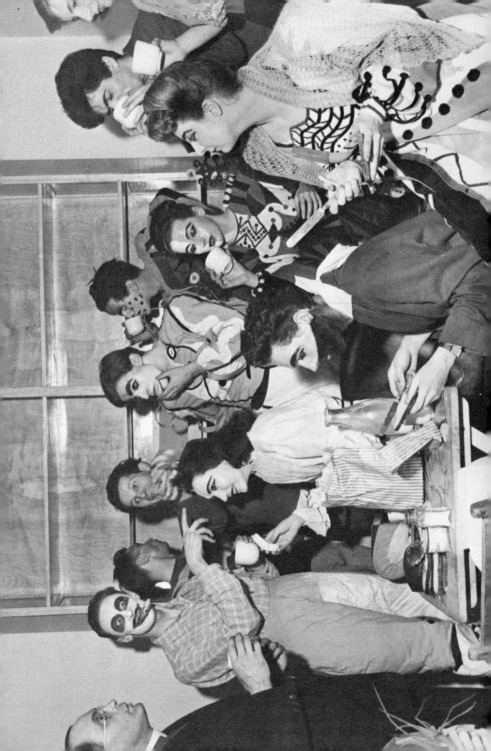

l'auteur et de la pièce en question précède généralement la période des répétitions et la formulation d'un plan d'action. Ces jeunes acteurs acceptent de s'unir et de se soumettre aux directives de leur metteur en scène. Puis, on distribue les rôles dramatiques et techniques avec pour chacun des fonctions bien déterminées. Aux comédiens, il appartient de comprendre qu'ils ne sont qu'un des éléments du spectacle, de travailler dans un esprit d'unité lorsqu'ils sont sur la scène, le théâtre devenant en quelque sorte un art total. Enfin, le côté spirituel viendra compléter ces réalisations pratiques. Les répétitions commencent et se terminent par une prière. Pendant un temps, une messe communautaire rassemble la plupart des comédiens chaque semaine. Messe suivie d'un gueuleton sous le signe du rire et de l'amitié. On ne saurait minimiser l'effort de ces jeunes gens, dont la plupart sont encore aux études et qui ne disposent que de leur temps libre pour répéter et, souvent, collaborer à la réalisation des décors, des costumes et des accessoires; car leur directeur est d'avis qu'un groupe théâtral doit se suffire à lui-même.

C'est beau d'avoir une troupe, mais où va-t-elle jouer? N'ayant accès à aucune salle officielle, les Compagnons donneront des représentations irrégulières, d'abord sur la scène collégiale de Saint-Laurent quand ils ne joueront pas en plein air. Ils disposeront donc d'un plateau adéquat et d'une salle sympathique sans débourser un sou.

Il s'agit maintenant de trouver un public. À qui s'adresseront-ils? Le père Legault se propose, dès l'abord, d'atteindre et d'éduquer les gens de toutes les classes de la société:

> ... nous n'acceptons pas de réduire les perspectives de notre action à un théâtre clos, réservé à la seule élite de l'esprit. Son verdict (auquel nous ne sommes pas insensibles) n'a de sens pour nous que s'il autorise l'espoir d'un solide débordement de notre influence dans les classes populaires[22].

Les places de l'auditorium de Saint-Laurent se vendent à des prix modiques, afin de permettre à tous ceux qui le veulent d'assister aux représentations des Compagnons.

Quant au répertoire, il est strictement religieux. Le père Legault cherchera à réaliser une de ses plus chères ambitions: l'exécution d'un théâtre poétique, de jeu pur, à saveur évangélique. Il est donc logique qu'il s'inspire de l'oeuvre de Henri Ghéon, qui lui donna son premier contact avec une formule moderne du théâtre chrétien. À l'automne, pour son spectacle inaugural, il choisit la pastorale sacrée *La Bergère au pays des loups.* Dans un décor stylisé et une mise en scène dépouillée, les Compagnons interpréteront la pièce avec une sensibilité surprenante. La critique soulignera la vérité de leur exécution artistique, leur «jeu intelligent, bien cohérent, (leur) aisance en scène qui fait plaisir à voir[23]». Pendant la saison des fêtes, on présentera *Le Noël sur la place,* un jeu en trois parties des cinq mystères du Rosaire. En fait, *Le Noël...* deviendra une tradition chez les Compagnons, à cette époque de l'année. L'accueil du public fut, d'abord, plutôt réticent à l'égard de cette oeuvre de Ghéon. Elle rompait, sans doute, trop brutalement avec le réalisme du répertoire traditionnel. Mais on ne tarde pas à s'apprivoiser. Plusieurs spectateurs semblent même goûter cette nouvelle expérience théâtrale. La simplicité du langage et la transposition lyrique du répertoire ghéonesque sont en fait à la portée de tous. Le père Legault reste persuadé

> ... [qu'] on sauvera, qu'on restaurera la pureté d'une âme en n'employant que des méthodes pures [...]. On rétablira la vie au théâtre en faisant collaborer, plus encore que les acteurs, les auditeurs. Que le monde s'en mêle, avant la pièce, durant et après[24].

En quatre mois, avec deux pièces de Ghéon, les Compagnons ont réussi à se tailler une place dans le paysage montréalais. Ils ont su provoquer un réel intérêt pour la chose dramatique, pour un style fait de pureté artistique, enfin pour un théâtre poétique d'inspiration chrétienne. Ils ont prouvé qu'une jeune troupe d'amateurs, soulevés par un véritable esprit de foi, soumis aux exigences de leur art et subordonnés à l'autorité de leur directeur, est viable. J.-M. Parent dira des Compagnons:

> Ils savent, ces jeunes gens, que leur technique n'est pas parfaite. Leur art manque de cette force et de cette liberté qui sont le fruit d'une longue patience et d'un travail ardu. Ils sont les premiers à l'affirmer. Mais il y a une grande ferveur qui les anime; et c'est avec une vive piété qu'ils accomplissent leur oeuvre[25].

Dans un article singulièrement prophétique, Jacques Leduc entrevoit déjà les effets lointains du travail du père Legault:

> Le Canada français vous devra sa renaissance artistique, sa renaissance littéraire, sa foi. Vous êtes un homme essentiellement en vie. Nous comptons sur vous [...]. Continuez. La jeunesse est folle de votre oeuvre[26].

Été 1938: Ghéon revient au programme. Les Compagnons mettront sur pied *Le Mystère de la messe,* à l'occasion du congrès eucharistique national de Québec, en juin. Puis, plus tard, ils monteront une nouvelle création de cet auteur à Saint-Laurent. Ghéon fera un voyage spécial au Québec afin de diriger lui-même la première mondiale de son *Jeu de saint Laurent du fleuve,* écrit à la demande de cette troupe canadienne qui a pour lui tant d'estime et de considération. Le 25 juin, Ghéon débarque à Québec où l'attendent le père Legault et quelques Compagnons. Le lendemain, il a le plaisir d'assister à son *Mystère de la messe* sur les plaines d'Abraham. Il y voit réunie une foule d'environ 65000 spectateurs et il est surpris d'apprendre que le «peuple fidèle» canadien connaît déjà une grande partie de son oeuvre. De retour au Collège de Saint-Laurent, les Compagnons réalisent *Le Jeu de saint Laurent du fleuve* sous la direction de son créateur. Ce sera une expérience inoubliable pour le père Legault, ses acteurs et le public.

Pour le père Legault, la présence de l'animateur des Compagnons de Notre-Dame à Saint-Laurent, pendant ces mois d'été, sera d'une valeur inestimable. De longues heures durant, les deux hommes échangent leurs vues sur le théâtre et commentent leurs expériences. Auprès de Ghéon, le Père accumule le maximum de documentation sur les pièces de l'auteur, tire leçon des expériences tentées par le «patron» et sa troupe et il pénètre à fond la pensée et l'esthétique de cet auteur qui l'a initié au renouveau de l'art dramatique contemporain. C'est à Ghéon, en effet, que le jeune religieux doit d'avoir découvert, pour la première fois, les composantes essentielles du théâtre: «poésie et style, rythme et valeur plastique, stylisation et valeur du signe[27]». Le père Legault lui sera particulièrement reconnaissant de lui avoir fait connaître les grands animateurs du renouveau dramatique français, tels que Copeau et Chancerel, et il dira plus tard: «Esthétiquement nous devons plus qu'il n'y paraît à

36

Ghéon, par qui nous sommes venus à Copeau et au Vieux-Colombier[28].» Du reste, sous l'influence de Ghéon, le directeur des Compagnons de saint Laurent élargit sensiblement sa vision personnelle de l'art du théâtre.

Au cours de ses quinze années avec les Compagnons, le père Legault jouera toutes les principales oeuvres de Ghéon. Il se servira de son répertoire comme instrument de formation, afin d'éduquer ses acteurs et son public. Néanmoins, c'est là qu'apparaîtra l'une des faiblesses majeures de son mouvement rénovateur. Il aura trop joué Ghéon. La critique lui reprochera sévèrement de s'être cantonné dans un mode mineur, d'avoir ainsi compartimenté son répertoire et de s'être limité à une formule inflexible et unilatérale. Il risquait ainsi de réduire considérablement la force de son entreprise; cependant, le père Legault s'avisa à temps du danger et diversifia son répertoire. L'ironie du sort voudra que le chant du cygne des Compagnons, en 1952, ait été *Le Mystère de la messe,* pièce reprise sous le signe de Ghéon. Le père Legault demeurera toujours fidèle à la mémoire de son ami intime et dans le volume des *Cahiers des Compagnons* consacré entièrement à Ghéon, au lendemain de sa mort, il dira:

> Obscurément, patiemment, Ghéon aura contribué autant et plus que bien d'autres à refaire le vrai visage du théâtre[29].

Le 16 septembre 1938, le père Legault s'embarque à bord de l'*Empress of Australia* avec le «patron». Titulaire d'une bourse d'étude du gouvernement provincial, il se rendra outre-mer afin de parfaire ses études dramatiques auprès de plusieurs autres réformateurs du théâtre contemporain. Son séjour en Europe durera environ sept mois.

NOTES

1. Solange CHAPUT-ROLLAND, «L'oeuvre des Compagnons ne peut pas mourir», *Le Devoir*, XLIII, no 231, 30 sept. 1952, p. 4, col. 3.

2. Émile LEGAULT, «Perspectives sur les Compagnons», dans *Cahiers des Compagnons*, II, 1, janv.-fév. 1946, p. 9.

3. Émile Legault, *Confidences*, p. 23.

4. *Ibid.*, p. 70.

5. *Ibid.*, p. 72.

6. *Ibid.*, p. 36.

7. *Ibid.*, p. 75

8. *Ibid., p.* 76.

9. Programme *Huon de Bordeaux*, Collège de Saint-Laurent, 1947.

10. Émile LEGAULT, *Confidences*, p. 73.

11. Émile LEGAULT, entrevue sur bande magnétique faite par l'auteur, Montréal, déc. 1971.

12. Émile LEGAULT, *Confidences*, p. 81.

13. *Ibid.*, p. 80.

14. Émile LEGAULT, «Perspectives sur les Compagnons », dans *Cahiers des Compagnons*, II, 1, janv.-fév. 1946, p. 9.

15. Émile LEGAULT, «Le R. P. Émile Legault, c.s.c. chez les retraitants», *Le Devoir*, XXXIII, no 264, 12 nov. 1942, p. 7, col. 2.

16. «Le «jeu» chrétien à Saint-Laurent», *Le Devoir*, XXVIII, no 186, 13 août 1937, p. 4, col. 3.

17. Émile LEGAULT, *Confidences*, p. 98.

18. *Ibid.*, p. 100.

19. «Sauvés par le théâtre», 5e année, tome X, déc. 1937, p. 300.

20. «Perspectives sur les Compagnons », dans *Cahiers des Compagnons*, II, 1, janv.-fév. 1946, p. 9.

21. Jean HAMELIN, *Le Renouveau du théâtre au Canada français*, p. 19.

22. Èmile LEGAULT, «Nous sommes des artisans», dans *Cahiers des Compagnons*, I, 2, nov.-déc. 1944, p. 33.

23. «La Bergère au pays des loups», *Le Devoir*, XXVIII, no 276, 30 nov. 1937, p. 2, col. 4.

24. Émile LEGAULT, *loc. cit.*, dans «Sauvés par le théâtre», *l'Action nationale*, p. 301.

25. «Les Compagnons de Saint-Laurent», dans *L'Action nationale*, 6e année, tome XI, fév. 1938, p. 162.

26. Émile LEGAULT, «Sauvés par le théâtre», dans *l'Action nationale*, p. 311.

27. Émile LEGAULT, *Confidences*, p. 81.

28. Émile LEGAULT, «*Lucrèce* et les Compagnons...», *Le Devoir*, XXXIX, no 75, 1er avril 1948, p. 5, col. 6.

29. «Comme un grand cri d'amitié», dans les *Cahiers des Compagnons*, I, 3, janv.-fév. 1945, p. 66.

Chapitre II

Formation européenne

> Aucune pensée personnelle n'a
> de valeur que si elle reprend
> la pensée commune, la longue
> chaîne de pensée forgée et rêvée
> par les maîtres depuis les ori-
> gines d'une certaine tradition.
>
> Henri Ghéon.

Au moment où le théâtre de langue française au Canada cherche sa voie, l'espoir d'un renouveau dramatique s'appuie sur la tentative, à peine élaborée, des Compagnons de saint Laurent. Ce groupe d'amateurs, s'orientant au départ vers une approche «puriste» du théâtre, vise à redonner au «grand» public une production dramatique à la fois de qualité et simplifiée, dans une présentation visuelle débarrassée des faux-semblants du naturalisme photographique. Par suite d'une redéfinition totale du spectacle, qui se veut acte artistique et social, leur répertoire sera à la fois chrétien et poétique. Ce n'est peut-être pas, par définition, le théâtre «total» ou «intégral», mais il importe de souligner qu'on y distingue un changement d'esprit qui constitue un progrès considérable pour l'époque.

On commettrait cependant une erreur de croire que le succès relatif des Compagnons, au cours de la première année, marque le terme de l'orientation dramatique du père Legault. En fait, l'expérience qu'il mène auprès d'eux lui permet de mesurer combien il lui reste à apprendre. Abordant peu à peu les problèmes qu'entraîne l'amorce de son projet, le directeur des Compagnons prend conscience du travail qu'il lui reste à faire. Lorsqu'il lançait son aventure en 1937, nous doutons fort que le Père ait espéré un succès aussi soudain, aussi soutenu que celui qu'il devait connaître. Il ne s'attendait certainement pas à ce que son action changeât de fond en comble l'univers théâtral «canadien-français». Mais la réaction du public et de la critique comme son contact avec Henri Ghéon l'obligent à modifier son plan initial. En un an, la physionomie de son entreprise a beaucoup changé. On considère maintenant les Compagnons non plus comme une «petite troupe paroissiale» sans importance mais plutôt comme une jeune équipe «d'amateurs», qui prend à coeur l'intérêt du public et qui présente des spectacles bien rodés, un peu partout dans la province. Par conséquent, l'acquisition de cette nouvelle identité le force à donner à son projet une tout autre dimension. Il comprend que, pour promouvoir l'idée d'un nouveau théâtre, il ne suffit pas de créer une troupe et d'avoir une certaine originalité. Il redéfinit donc les buts qu'il s'était donnés en ce premier temps et il précise le programme d'action des Compagnons.

Il est difficile de concevoir qu'un homme aussi consciencieux que le père Legault ait pu poursuivre son travail sans d'abord faire l'inventaire de ses moyens. Sans doute se rend-il compte très tôt que, pour s'affirmer plus concrètement, il a besoin d'exemples. Ainsi, son premier objectif est de prendre connaissance des projets et des réalisations de certains théoriciens et animateurs de théâtre avec qui il se sent un lien de parenté. Puisqu'il est seul, ou presque, à contrer les conventions faciles du théâtre bourgeois réalisé au Québec, on peut comprendre pourquoi la structure et les idéaux de sa troupe n'empruntent rien à des émules canadiens. Le père Legault doit se rendre outre-mer pour étudier les principes des novateurs du théâtre moderne, leurs méthodes et leurs techniques théâtrales. L'évolution

40

La Nuit des Rois: décor et costumes de Pellan.

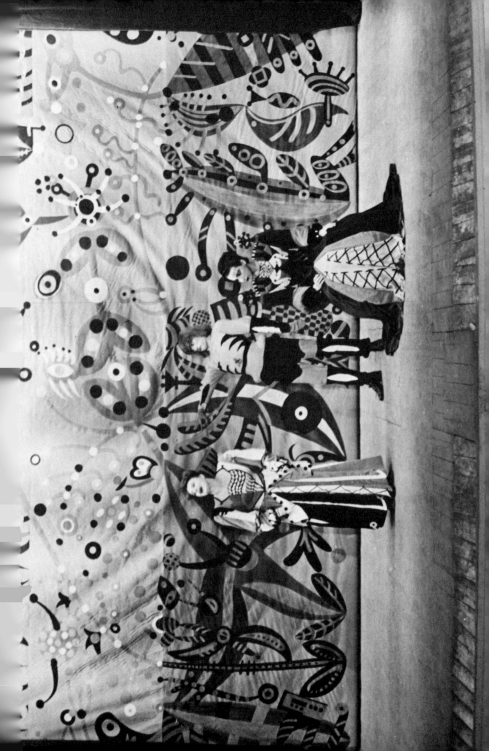

dramatique du père Legault prend une nouvelle tournure. Il cherche à redéfinir son esthétique. Mais cela ne veut pas dire qu'il y ait une remise en question fondamentale de ses propres conceptions dramatiques; c'est plutôt l'élargissement de certaines notions préconçues et, dans un sens, de certaines questions auxquelles il cherche encore à donner des réponses satisfaisantes.

Au pays comme à l'étranger, le théâtre semble malade. Mais en 1938, lors de son voyage en Europe, le directeur des Compagnons de saint Laurent découvre que ce malaise commence à se dissiper et que, depuis plusieurs années déjà, les conditions essentielles d'une régénération scénique existent. Comme on le sait, au tournant du siècle, nombre d'esthéticiens et de metteurs en scène étaient partis en guerre contre les procédés frelatés du naturalisme et du réalisme scéniques. Indépendamment mais parallèlement, le Russe Constantin Stanislavski, le Suisse Adolphe Appia, l'Autrichien Max Reinhardt, l'Anglais Gordon Craig et le Français Jacques Copeau, pour ne citer que les plus illustres théoriciens de ce temps, avaient préconisé une revalorisation globale de la conception dramatique non seulement dans sa forme mais aussi dans son infrastructure. Mais quelle que fût la part de chacun dans ce mouvement de rénovation, il faut dire que l'objet de leur démarche n'était pas d'innover comme de remettre à neuf. Nous ne pouvons tenir compte ici de toutes les caractéristiques et de toutes les phases du développement de ce projet global. Ce nouveau courant dramatique et idéologique peut néanmoins se résumer ainsi:

> ... Le mouvement actuel est peut-être plus traditionaliste qu'il n'est révolutionnaire. Et il est peut-être plus moral en son essence qu'il n'est littéraire et esthétique. C'est un changement d'esprit. Il s'agit d'insuffler au théâtre une âme nouvelle, d'assainir ses moeurs, de le renouveler de fond en comble[1].

Il est tout à fait naturel, donc, que le père Legault se soit senti attiré par la philosophie de ces hommes. Mais, à vrai dire, ce n'est que par leurs disciples, c'est-à-dire la deuxième génération d'animateurs et de metteurs en scène, qu'il parvient à connaître l'expression concrète de leur pensée. Il arrive en Europe au moment où les «descendants» des grands maîtres réussissent à imposer cette nouvelle tendance, soi-disant «avant-gardiste», sur la scène contemporaine. Les héritiers directs des initiateurs du renouveau dramatique du XXe siècle expérimentent à leur tour, dans leurs propres théâtres et laboratoires de recherche dramatique. Chez ces derniers, le père Legault se rend compte que le théâtre d'art, le théâtre poétique est la grande force de frappe de cette école. Au cours de son séjour d'études et d'observation, il parviendra à se familiariser avec les composantes essentielles des oeuvres des «chefs de file» de ce mouvement. En fait, certains idéaux lui seront de réelles sources d'inspiration; il y puisera des exemples et des encouragements propres à le guider et à l'éclairer dans ses recherches personnelles. Il y découvrira certaines méthodes dont il se servira à son retour au Canada.

En premier lieu, le père Legault se rend à Londres où il fait la connaissance de Michel Saint-Denis, neveu de Copeau et ancien directeur de la Compagnie des Quinze. Dans un esprit apparenté à celui de l'École du Vieux-Colombier, ce dernier y dirige le London Theatre Studio, un lieu d'étude et de formation pour jeunes acteurs et un centre de recherches et d'essais dramatiques. Le Père s'attarde quelque peu au fonctionnement des cours de mouvement, de diction et d'improvisation-interprétation, en progrès au Studio. En matière de mise en scène, Saint-Denis reprend certaines des idées maîtresses de son oncle. Mais voulant «se libérer le plus totalement de toutes les servitudes de la décoration traditionnelle, (il) proclame bien haut le principe de la convention fondamentale du théâtre qui doit vivre de fiction et d'imagination, non pas d'illusion[2]». Se faisant l'adversaire de toute ornementation et machinerie, et de tout ce qui pourrait déroger à l'imagination du poète et au jeu de l'acteur, il conçoit l'espace scénique dans le sens de la rigueur et de la simplicité, comme l'avait fait Copeau. À ce point de vue, il se montre plus absolu encore que le maître dans sa conception architecturale et scénique. Et, selon lui, c'est au metteur en scène que revient la tâche impérieuse de régler strictement la cohésion interne et externe du spectacle, car:

A theatrical production needs the director's talent, his personality, his imagination, his power of attraction, his authority over the actors and all other people who collaborate in the show [...]. The director is the centre of the organisation, he is the link connecting together [...] the elements (of) modern production [...]. *He stands for unity, he is the guarantee of intelligence, of efficiency, of quality*[3].

Si le Père accepte les vues fécondes de Saint-Denis en ce qui concerne les fonctions multiples de metteur en scène et la discipline que requiert ce métier, il ne se montrera jamais aussi sévère sur la disposition scénique du plateau. Pour lui le théâtre restera «la patrie de l'illusion» sans toutefois coincer l'imagination «entre les frontières matérielles de la scène[4]». Ainsi, le bref séjour que fait le Père à Londres lui permet d'apprendre qu'au-delà d'une solide culture littéraire tout scénographe doit posséder une excellente formation technique et doit se révéler patient, sincère, humble et imaginatif. L'austérité du concept décoratif de Saint-Denis lui ouvre la voie qui le conduit à une mise en scène plus pure, visant à bien servir l'intention du poète et l'interprétation du comédien. Quittant la Grande-Bretagne, il gagne la France.

La scène française subit les effets d'une renaissance depuis au moins trente ans et l'oeuvre de réforme à laquelle Jacques Copeau a donné l'impulsion, en 1913, se prolonge en plusieurs directions. Paris connaît l'avènement éclatant du Cartel des Quatre, en marge du boulevard qui d'ailleurs perd son élan; toute tentative valable se voit affiliée directement ou indirectement au Vieux-Colombier. C'est l'époque des metteurs en scène et le public se lie au théâtre de son choix par son attachement au directeur-metteur en scène plutôt qu'au dramaturge, comme c'était la coutume dans le passé. La plus grande victoire des ascètes du théâtre poétique est l'entrée de Jacques Copeau et de trois membres du Cartel, Louis Jouvet, Charles Dullin et Gaston Baty, à la Comédie-Française en 1936. «Véritable bouleversement qu'entraîne cette intrusion du théâtre privé sur la scène nationale[5]», dira-t-on. Toutefois, les résultats de l'action de Copeau et du Cartel ne se limitent pas à la scène professionnelle. On retrouve à Paris et en province un fourmillement de jeunes compagnies d'amateurs animées d'une même volonté, d'un même esprit d'opposition à l'art commercialisé. On peut dire que l'influence du théâtre amateur, à cette époque, est tout aussi importante que celle du théâtre professionnel, par le mouvement qu'il crée, par les essais

44

Andromaque. De gauche à droite: Georges Groulx, Jean Coutu et Denise Vachon.

qu'il suscite et par la voie qu'il ouvre devant lui. Dullin le souligne déjà, en 1931, dans *Correspondance:*

> Nous ne pouvons pas nous désintéresser de la situation théâtrale en province. C'est l'un des points les plus noirs de la crise que nous traversons. Des efforts intéressants existent dans plusieurs centres importants[6].

Bien entendu, le jeune vicaire de Saint-Laurent prendra un intérêt particulier à ce que font ces troupes d'amateurs, puisque la nature de leurs entreprises s'apparente au plus haut point à la sienne.

Trop âgé pour s'inscrire au Conservatoire d'Art dramatique à Paris, «heureusement d'ailleurs, devait-il dire plus tard, puisque je me serais peut-être déformé dans une certaine mesure car le Conservatoire, à ce moment-là, était encore assez poussiéreux[7]», le Père met à profit la liberté dont il dispose. Ce sera, pour lui, l'occasion de méditer sur les conditions essentielles de l'art dramatique contemporain, de renouer contact avec Henri Ghéon, de suivre les réalisations du Cartel[8], des Compagnons de Jeux d'Henri Brochet et des Comédiens-Routiers, d'étudier auprès de Léon Chancerel, de voir tout ce qu'il y a moyen de voir au point de vue théâtre de qualité à Paris, mais, plus important encore, de se plonger dans l'étude de Jacques Copeau. Bref, d'y faire son éducation d'artisan, de metteur en scène, d'animateur d'art dramatique.

À son arrivée, il s'empresse de rendre visite à son premier maître, Henri Ghéon, et les deux hommes ne tardent pas à reprendre leurs interminables discussions sur l'art du théâtre. Le «patron» le met sans doute au courant de ses dernières activités, lui suggère quelques bons spectacles et, ensemble, ils causent longuement de Copeau. Puis, comme prévu, Ghéon lui présente Henri Brochet, l'animateur des Compagnons de Jeux et le directeur de la revue d'art dramatique *Jeux, tréteaux et personnages.* Le Père connaît déjà la nature et la portée du travail de Brochet, mais il se propose d'étudier plus attentivement le programme et la structure de cette équipe d'amateurs pendant son séjour à Paris. Cette rencontre est le début d'une longue amitié qui va mûrir au fil des années.

Doué d'un esprit subtil et pénétrant, possédant une vaste culture, auteur et metteur en scène compétent, Henri Brochet envisage le renouvellement de l'art dramatique par le même biais que Ghéon: celui d'un retour à la convention moyenâgeuse par la création d'un théâtre chrétien, populaire et «franc de tige». Il veut, au-dessus de tout, se proposer comme guide et servir d'exemple aux troupes d'amateurs qui surgissent de toute part, en construisant un «chantier» de travail qui puisse unir tous ces jeunes artisans de la scène. N'est-ce pas ce que le Père projette de faire à Montréal?

Nés des Compagnons de Notre-Dame, les Compagnons de Jeux se donnent les mêmes buts que leurs prédécesseurs, mais ils entendent pousser plus loin leur champ d'études et de recherches théâtrales, en créant à Paris un centre catholique régulier d'art dramatique. En 1931, les activités de cette compagnie se déploient dans un petit théâtre, la Maison d'Arlequin, où elle présente chaque semaine ses spectacles. Toutefois, faute de fonds, elle doit bientôt abandonner ce rythme de production pour ne donner qu'un nombre limité de représentations à Paris. Malgré les difficultés matérielles et la situation peu enviable auxquelles ils doivent faire face, les Compagnons de Jeux continuent à remplir leur tâche en jouant partout, en France et à l'étranger. Grâce à eux, le développement du théâtre chrétien moderne est assuré et on ne peut plus ignorer sa présence, car ils ont véritablement accompli ce qu'ils avaient résolu de faire:

C'est aux «Compagnons de Jeux» que revient l'honneur d'avoir créé les principales oeuvres de Ghéon. Leurs mises en scène [servent] de modèles à d'innombrables troupes d'amateurs[9].

À l'invitation de Brochet, le père Legault suit plusieurs répétitions en cours à l'atelier des Compagnons de Jeux. En son honneur, ils présentent le *Chemin de la croix* de Henri Ghéon. Sans doute, un geste de gratitude pour la bienveillance qu'avaient exprimée les Compagnons de saint Laurent envers Ghéon, lors de sa visite au Canada. L'animateur canadien sera frappé par les résultats impressionnants qu'atteignent ces amateurs mais, plus encore, il sera émerveillé par la ténacité, la sensibilité, l'esprit d'équipe qui les animent, par cet idéal de perfection qu'ils poursuivent malgré leurs déceptions.

Stimulé par le courage et la persévérance dont ils font preuve, il s'inspirera largement de l'oeuvre de son collègue et, lors d'une conférence qu'il donne à Montréal en 1941, il avoue candidement:

> À l'origine nous avions assumé exactement le programme des Compagnons de Jeux [...]. Nous voulions travailler exclusivement à imposer chez nous une tradition de théâtre religieux. C'est ainsi que nous avons présenté successivement *La Bergère au pays des loups, Le Noël sur la place, La Farce du pendu dépendu, La fille du Sultan* [...] sur nos tréteaux érigés en plein air, *Le Jeu de saint Laurent du fleuve,* que nous avons collaboré à la création du *Mystère de la messe*[10].

À cette date, le théâtre médiéval témoigne aussi de sa vitalité à Paris et le père Legault fera son profit de l'expérience des Théophiliens, jeunes étudiants de la Sorbonne groupés autour du célèbre médiéviste Gustave Cohen. Jouant des «jeux» récemment découverts par leur maître, «[les] Théophiliens, par-delà les siècles, [renouent] avec la plus authentique tradition médiévale, celle du théâtre des clercs, maîtres et étudiants[11]». Par des procédés purement empiriques et un style résultant d'un mélange de l'ancien et du nouveau, Cohen apprend à ses élèves ce que fut le théâtre du passé et il leur montre, avec des exemples à l'appui, comment l'évolution du théâtre se poursuit plus ou moins dans le même sens depuis des générations. Le Père n'oubliera pas cette leçon et il dira, lors d'une entrevue accordée au *Devoir* en 1942:

> Nul n'ignore que M. Gustave Cohen [...] est le plus grand médiéviste vivant et qu'on lui doit des découvertes importantes qui ont éclairé notre connaissance du moyen-âge[12].

En fait, lorsque Cohen fait une tournée de conférences en Amérique durant la guerre, le père Legault l'invite à présenter au public *Le Jeu d'Adam et Ève,* la plus ancienne pièce du théâtre français, et *Le Jeu de Robin et Marion,* le plus vieil opéra-comique de cette même tradition, à L'Ermitage, avec le concours des Compagnons de saint Laurent.

Pendant son séjour dans la capitale française, le Père se lie également d'amitié avec Pierre Delbos, Olivier Hussenot, Louis Simon, Georges Le Roy, les pères Parvillez, s.j., Roquet, o.p., et Gillot, o.p., ainsi qu'avec plusieurs autres personnalités, connues ou obscures, associées aux cercles d'amateurs français. Ici l'on juge «vite l'homme à sa réelle valeur, commente Jean-Marie Charbonneau, et aussi [l'on s'adresse] à lui en vue d'obtenir divers renseignements sur les possibilités d'y établir des filiales des mouvements sociaux catholiques du monde théâtral[13]». La chronique dramatique du père Legault, publiée sous le titre de *Cahiers des compagnons* en 1944, deviendra l'instrument de propagande de ces mouvements au Canada et, par l'information qu'elle divulgue, elle établira plus directement un lieu d'échange entre les multiples mouvements d'amateurs français et canadiens. Et, bien entendu, le directeur des Compagnons correspondra avec plusieurs de ses nouveaux amis, afin de rester en rapport avec les travaux de tous ces artisans de la scène chrétienne.

C'est la belle époque du théâtre en France. Le père Legault fréquente régulièrement les salles du théâtre de l'Atelier, du théâtre Montparnasse et du théâtre des Mathurins, lieux d'accueil des tendances nouvelles du théâtre d'art, dirigés respectivement par Charles Dullin, Gaston Baty et Georges Pitoëff. Dans l'atmosphère si particulière de ces petits théâtres «d'avant-garde», il suit attentivement les mises en spectacle qui figurent au programme de la saison 1938-1939. Il aura le privilège d'y voir un peu de tout, car la sélection des oeuvres se compose, d'une part, d'ouvrages classiques et de textes étrangers consacrés et, d'autre part, des pièces nouvelles et connues d'auteurs modernes français[14]. «Je me nourrissais de leurs spectacles[15]», nous confie-t-il; sans doute, était-ce la première fois qu'il se voyait proposer un tel choix. À la Comédie-Française, il admire *Le Mariage de Figaro* dans une mise en scène de Charles Dullin, l'*Asmodée* de Mauriac réalisé par Jacques Copeau, *Tricolore* et *Cantique des cantiques,* montés par Louis Jouvet, ainsi qu'un petit nombre de spectacles qui contrastent étrangement avec les productions intelligentes et stylisées réalisées par Jouvet, Copeau et Dullin. «Ces spectacles me faisaient rougir», avoue-t-il, et les raisons de son mépris sont claires: l'esprit de routine, les décors naturalistes, la négligence du texte au profit des comédiens et le style déclamatoire, grandiloquent et superflu, caractéristique de l'Odéon et quelque peu de la Comédie à ce moment-là, ne font qu'accentuer l'inégalité de ces présentations inférieures.

49

Par contre, l'originalité des mises en scène de Jouvet, Dullin, Baty et Pitoëff, ne manque pas de surprendre et de retenir l'attention du père Legault. Pour les membres du Cartel, la renaissance du théâtre se fait par une révolution dans la présentation et l'interprétation des oeuvres bien plus que par une recherche de sujets et de thèmes nouveaux ou un renouvellement du style écrit. Bien qu'ils fassent tous cause commune contre les formules débilitantes du théâtre de boulevard, chacun de ces hommes conserve son indépendance artistique «avec des moyens envisagés par chacun des intéressés sous une optique propre, selon son génie personnel[17]». Loin de se figer en des modes précis, ils font preuve d'une invention qui se renouvelle sans cesse. Toutefois, les conceptions stylistiques et scéniques de deux d'entre eux influenceront plus particulièrement le père Legault. Dans un article des *Cahiers des Compagnons,* en 1944, on souligne ce que les Compagnons empruntent à Louis Jouvet et à Gaston Baty:

> Leurs réalisations théâtrales contiennent déjà et synthétisent la plastique, les couleurs, les lumières, le rythme et le style de Copeau, de Jouvet et de Baty. De plus, ils (les Compagnons) semblent avoir créé une «poésie dans l'espace». Leur théâtre donne l'impression d'être déjà affranchi «de la dictature exclusive de la parole[18]».

Ayant assumé maintes responsabilités techniques et ayant contribué à plusieurs des innovations architecturales et scéniques au Vieux-Colombier, Jouvet avait acquis une grande habileté dans ces deux domaines. Comme Copeau, il préfère la scène à l'italienne et, plus tard, dans son propre théâtre de l'Atelier il imagine un ingénieux dispositif «construit», auquel sont appliqués les principes orthodoxes de la machinerie classique. Dans toutes ses mises en scène, il cherche consciemment à réduire au minimum les effets techniques et extérieurs, conservant l'aspect décoratif sobre et suggestif tout en recréant «une sorte de réalisme stylisé, personnel et artistique, avec quelques éléments bien choisis, des lumières et des demi-teintes[19]». S'adaptant admirablement à la réalisation des grandes oeuvres classiques et romantiques comme aux pièces modernes, son fameux système architectural inspiré de Craig, Appia et Copeau, servira comme élément de base scénique aux Compagnons de saint Laurent.

Pour sa part, Gaston Baty confère une position assez différente de

50

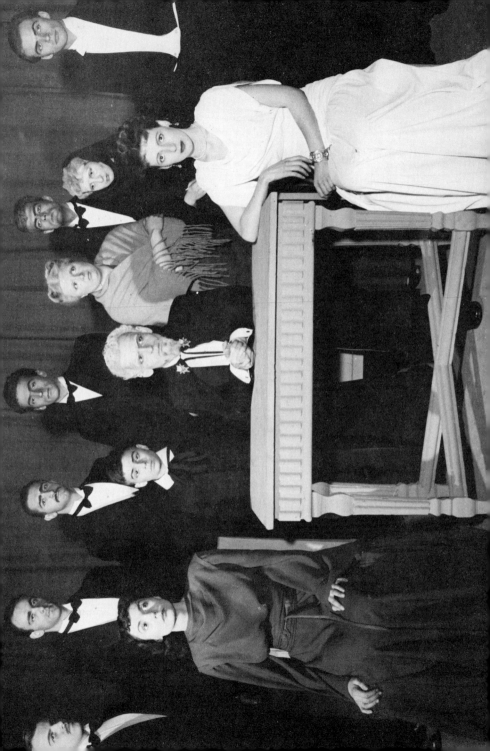

celle des autres membres du Cartel, quant à la mise en scène, à l'apport scénique et aux moyens techniques du plateau. Dans sa volonté de «rethéâtraliser» le théâtre, il conteste la primauté du texte, la souveraineté de l'acteur et il confie aux décors, aux éclairages, aux moyens techniques et à la machinerie théâtrale une importance grandissante. Selon lui, le théâtre est un art-synthèse:

> Pour nous l'art dramatique reste l'art suprême en ce que tous les autres s'exaltent d'être réunis. La sculpture donne l'attitude; la danse, le geste; la peinture, le costume et le décor; la littérature, le texte; la musique, la voix de l'acteur; les bruits, le chant et souvent la symphonie[20].

Son goût personnel soulève, par moments, de vives controverses, car Baty déploie non seulement la perfection des Allemands dans les jeux de lumières et d'ombres, mais il est le seul à avoir l'audace d'expérimenter le style expressionniste de ceux-ci, malgré qu'il s'en tienne plus généralement à un souci de mise en scène symbolique. Ce que le Père retiendra surtout de Baty, cependant, ce sera sa manière de concevoir l'espace et la matière scéniques:

> Principale innovation: le plateau présente quatre aires de jeu [...]. Quant aux décors, à l'exemple de ceux dont avait rêvé Copeau [...], ils sont constitués par un système de cubes et de blocs, dont l'assemblage permet la création d'intérieurs de toutes sortes[21].

En plus de s'inspirer des apports variés de la mise en scène moderne, le père Legault rejoint les hommes du Cartel dans la priorité qu'ils réservent aux chefs-d'oeuvre du passé et, plus particulièrement, à Molière et à Shakespeare. Ce qui leur importe principalement, c'est de rénover la présentation des classiques, d'adapter les thèmes anciens à la scène moderne tout en renouant avec la tradition de la comédie italienne. Une réflexion personnelle sur le répertoire moliéresque conduira l'animateur des Compagnons à ses premiers triomphes. On sait le succès que connaîtront les Compagnons en présentant Molière au public québécois et ils laisseront rarement passer une saison sans revenir à ce grand dramaturge.

> Les «Compagnons [de saint Laurent]» ont écouté attentivement la leçon de Molière [...]. Ce dernier devait son sens populaire inattaqué par les temps, à son contact avec [...] les secrets de la Commedia dell'arte: efforts vers un théâtre aérien, féerique, dansant presque, dont

un des moyens est le décor stylisé, qui suggère plus qu'il ne dit, domaine où les «Compagnons» sont passés maîtres[22].

Mais, s'ils attachent une importance singulière aux auteurs classiques, les associés du Cartel ouvrent aussi leurs théâtres aux auteurs modernes et ils encouragent la floraison de talents nouveaux. Plus que tout autre, Dullin se sent préoccupé par une «école d'auteurs» et le Père partage avec lui et les autres une conviction profonde qu'il ne saurait y avoir qu'une renaissance superficielle sans l'éclosion d'une dramaturgie nationale. Plus les années passent, plus ce désir se précise chez lui:

> Notre ambition est de susciter un répertoire authentiquement canadien, qui soit de la bonne veine: poésie, rythme, style, etc. Le fonds ne manque pas [...].

> Nous continuerons, pendant quelque temps, à proposer des textes empruntés aux trésors étrangers: français, espagnol, russe, anglais. Pour servir de modèles et mettre nos dramaturges en appétit. Mais vienne bientôt une production de bon cru canadien[23].

Malheureusement, ce rêve ne se réalisera qu'après son départ de la scène. Mais n'est-ce pas lui qui aura préparé le terrain pour la venue des futurs dramaturges québécois?

La leçon du Cartel éclaire le père Legault sur les problèmes essentiels de la mise en scène, confirme son aversion pour la formule naturaliste de décor et lui donne une foule d'idées sur le choix de son répertoire futur. Il se souviendra de ces maîtres et il leur témoignera sa reconnaissance à plusieurs reprises. En 1942, lors du voyage de Ludmilla Pitoëff au Canada, il lui confiera sa compagnie et la mise en scène de *L'Échange* de Claudel à l'Ermitage. Cependant, l'influence du Cartel compte, au même titre que celle de Ghéon et de Brochet, parce qu'il lui doit d'avoir découvert et apprécié l'oeuvre fascinante de Jacques Copeau que les Compagnons «considèrent comme le grand inspirateur de leur effort[24]».

Avant tout, il faut prendre soin de ne point mélanger les époques. Moins récente, puisqu'elle date de 1913, l'expérience de Jacques Copeau au Vieux-Colombier est à l'origine du mouvement de rénovation dramatique qui se manifeste alors en France. Après avoir déblayé le terrain et avoir fait école, elle prépara la venue de tous les hommes ci-haut mentionnés. Autant et même plus que toute autre entreprise, antérieure ou à venir, cette expérience de Copeau marque fortement le théâtre contemporain. À la mort de celui-ci en 1949, la scène française vit encore sur la lancée des Deux Colombes. Le père Legault s'est nourri des idées et des conceptions de ce géant de la scène et les rapprochements entre ces deux hommes n'ont pas, à notre avis, été suffisamment mis en évidence.

Il faut dire, qu'à son arrivée en Europe, le jeune prêtre connaît seulement de lui ce que Henri Ghéon et Michel Saint-Denis lui ont révélé et ce qu'il a pu découvrir par ses lectures. Il ne s'agit que d'une introduction assez élémentaire et plutôt superficielle. Néanmoins, il n'en faut pas plus pour éveiller sa curiosité et soulever son admiration devant ce noble artisan du théâtre. De tous les animateurs français et de tous les esthéticiens étrangers, Copeau est celui dont nous devons considérer l'influence comme capitale et déterminante dans l'évolution dramatique du père Legault. Ce dernier ne reniera jamais sa dépendance à l'endroit du Vieux-Colombier ni son appropriation de la pensée de Copeau:

> J'ai tout adopté de lui. Je buvais ses textes, je mangeais ce qu'il écrivait et je peux dire qu'il n'y avait pas une phrase qui me faisait «tiquer». Pas une qui me disait: «Non, ce n'est pas cela». Tout le temps c'était [juste] et ça répondait vraiment à des intuitions chez moi. Alors, j'ai donc fouillé Copeau tant et plus, là-bas en France[25].

Il sera déçu de ne pouvoir rencontrer Copeau, mais Ghéon le prévient que celui-ci traverse une période sombre et qu'il aurait tendance à le refroidir, à lui enlever son enthousiasme. Ainsi, le Père n'aura la chance de le voir qu'à l'occasion de ses quelques apparitions publiques. Il ira l'écouter et prendra un très vif plaisir aux lectures dramatiques données par Copeau. Il entendra les plus beaux passages du *Sermon* de Bossuet, des grands textes de Shakespeare et des classiques. «À chaque fois, il faisait salle comble, remarque-t-il, tant son talent de lecteur était extraordinaire[26].»

En outre, le Père se plonge dans une étude minutieuse de Copeau et dès l'abord, comme nous l'avons signalé plus haut, il se sent en parfait accord avec ce grand artisan de la scène. Ce qui le séduit au départ, c'est le caractère exceptionnel de l'oeuvre de Copeau, le fait qu'elle ait suscité une rénovation dramatique «en profondeur» et catalysé nombre de réformes dans le monde théâtral. Par esprit de réaction, Copeau déclarait dès 1913:

> Pour l'oeuvre nouvelle, le tréteau nu. Découvrir à nouveau la loi fondamentale de la scène et du théâtre tant au point de vue des comédiens et des écrivains qu'au point de vue de la mise en scène. Le décor est toujours du décor, une illustration. Cette illustration n'intéresse pas directement l'action dramatique qui, seule, détermine la forme architecturale de la scène[27].

Il en était arrivé à la certitude que la condition essentielle pour rendre au théâtre toute son authenticité et toute sa signification était la communion intime entre l'acteur et le spectateur, dans un monde créé par l'auteur. Or, son idée de «refaire le théâtre» s'appuyait premièrement sur le dépouillement de l'espace scénique, puis sur la reconnaissance de ce qui était pour lui les premiers éléments de la représentation: le texte et la présence physique de l'acteur sur la scène. Toutes ses recherches avaient largement contribué à orienter l'art de la mise en scène et l'architecture scénique vers des formes «pures», à rendre au métier de comédien ses droits et l'estime publique perdus depuis longtemps. Selon lui, ce n'était qu'en faisant marche arrière, qu'en reprenant contact avec les grandes traditions du passé et en renouant avec un classicisme de forme et de pensée que le théâtre se libérerait. En fondant la troupe des Compagnons de saint Laurent, le père Legault s'était donné cette même mission, mais sur un plan infiniment plus modeste. Ce n'est d'ailleurs qu'en analysant à fond les conceptions de Copeau qu'il se rend compte qu'il marche dans les pas du «maître» et qu'il est sur la bonne voie:

> Mon seul mérite, si j'en ai un, est fait surtout d'un peu de bonne volonté avec le dégoût instinctif de tout ce qui [...] demeure figé [...] (il faut) tenter de réhabiliter la scène et l'homme de la scène[28].

Aucune salle parisienne ne répondait alors au degré de perfection qu'exigeait Copeau. Il lui fallut, au départ, métamorphoser la salle du Vieux-Colombier. En 1913, il substituait une scène architecturée, basée sur des volumes, à une scène aux décors en trompe-l'oeil et machinée, populaire dans les théâtres de boulevard. De retour à Paris après la première grande guerre, il modifiait le plateau une fois de plus, aboutissant à un sol en ciment et à un dispositif scénique fixe

« proche des conceptions antique et élisabéthaine, ce décor fixe modifiable à volonté par addition d'éléments mobiles, se [prêtant] à tous les styles et [ayant] l'avantage de concentrer désormais tout l'intérêt du spectacle sur les deux pôles de la représentation, le poète et l'acteur[29] ». Donc, à l'exemple du directeur du Vieux Colombier et des associés du Cartel, le père Legault s'oriente vers la sobriété et l'économie de moyens; il se débarrassera d'apparats inutiles, de tout ce qui cède à l'artificiel, à l'éclat et à «l'effet». Il s'expliquera, plus d'une fois, sur le rôle qu'il entend attribuer au décor:

Le décor, au théâtre, ne se dissocie pas du reste des éléments dramatiques. Il est complémentaire d'un tout organique: texte, interprétation, plastique et rythmique de l'acteur, costume, musique, éclairage, grimage, masques. On lui demande sans doute de contribuer à l'atmosphère, à cette aura dont s'enveloppe une oeuvre dramatique. Mais il doit se soumettre aux exigences de l'action pour la favoriser, la soutenir, se faisant tremplin au besoin[30].

De la notion indispensable d'harmonie, d'intégralité et de totalité, est née la conception copélienne de la mise en scène. Copeau avait compris (et le Père en tire leçon) qu'une mise en scène équilibrée allait plus loin que l'organisation matérielle et technique du plateau: elle devait avoir pour but de donner une expression scénique au texte. Ainsi, partant de l'oeuvre écrite, le rôle du metteur en scène est de traduire la pensée du dramaturge, de planifier les opérations techniques et esthétiques selon les exigences du texte, de conseiller l'acteur et, enfin, servant l'un et l'autre équitablement, de transformer l'ouvrage littéraire en un spectacle théâtral, dont l'essence même est la synthèse de tous ces arts.

Il va sans dire que la responsabilité de l'acteur, soumis à l'autorité du metteur en scène et chargé de communiquer les intuitions du poète au public, est lourde et difficilement assumée sans une formation disciplinée et un stage d'apprentissage. Tout comme Stanislavski et Craig, Copeau posait donc comme essentiel le problème de la formation du comédien. Comme on le sait, le Père partage depuis longtemps ce désir de réhabiliter l'interprète de la scène. «C'est ici [...] que je rejoins implicitement la pensée des grands réformateurs de la scène[31] », dira-t-il. En ce sens, il ne peut qu'être d'accord avec les expériences de Copeau à l'École du Vieux-Colombier. Il en étudiera

Denise Pelletier et Roger Garand dans une scène de *Léocadia* (janvier 1947).

d'ailleurs le fonctionnement et la structure tout autant que la philosophie.

L'École de Copeau, il faut le préciser, fonctionnait à côté de son théâtre et, en plus d'être une école pour comédiens, elle était aussi un lieu d'apprentissage: d'où l'importance énorme des ateliers de travail. Le programme se divisait, par suite, en deux sections distinctes. D'abord, les cours «ouverts», où l'on initiait les élèves aux théories du théâtre, de l'architecture scénique et du rythme verbal, aux travaux pratiques de versification, à l'histoire des civilisations; on les rompait aussi aux exigences de la diction, du jeu, du chant et de la mise en scène. Puis, en marge de ces cours, on s'occupait de la formation technique du comédien: leçons d'éducation physique (complétées par un cours en technique corporelle), enseignement de la musique et du chant, éducation de l'instinct théâtral, cours de langue française, exercices de mémoire, développement du sens théâtral et, enfin, travaux d'atelier en décoration (costumes, modelage, confection de masques, etc.). Mais, au-dessus de tout cela, Copeau entendait développer chez l'acteur des qualités humaines et morales. En bref, ce qu'il essayait de créer c'était

> un lieu réservé où, dans une atmosphère de simplicité, d'honnêteté, de camaraderie, et sous une forte discipline, les jeunes serviteurs du théâtre acquerront la technique complète et l'esprit de leur profession, où ils apprendront à considérer leur art [...] comme un idéal qui demande, pour être atteint, avec une haute abnégation de caractère, un travail dur, acharné, complexe, souvent ingrat, un travail qui ne se fait pas seulement avec la bouche [...] et l'esprit, mais avec le corps aussi et le coeur, avec toute la personne, toutes les facultés, avec tout l'être[32].

Pour que l'École attînt son plus haut degré de rendement, il fallait devenir une sorte de communauté, il fallait renouer avec la tradition antique du choeur. Chaque individu était appelé à se subordonner à l'ensemble, dans un sens de désintéressement et de dénuement complet: le principe de l'anonymat permettait de sauvegarder l'unité et l'égalité des membres de la troupe. Tels sont les facteurs qui ont redonné au comédien la dignité et le prestige perdus.

Après s'être documenté sur les méthodes et les grands principes de Copeau, qui ne se retrouvaient finalement que sur papier, le directeur des Compagnons ira consulter Léon Chancerel, l'un des plus authentiques héritiers du «maître», pour recevoir certains éclaircissements et s'initier à la technique de l'animateur des Comédiens-Routiers. À ce sujet, le Père écrira dans l'avant-propos de *Un réformateur du théâtre:*

> J'aurai plus appris à côtoyer Chancerel et ses ardents collaborateurs [...]. Je le revois dans son laboratoire à Neuilly, où j'aimais fréquenter, pour tout ce qu'il m'apportait de révélations authentiques [...]. On lui doit la diffusion des idées les plus chères à Copeau, comme il faut reconnaître, dans l'ensemble de son entreprise, le plein développement de la doctrine du grand réformateur[33].

L'importance de Chancerel vient du fait qu'il a contribué, plus que tout autre, à changer l'esprit du théâtre amateur en y apportant un style nouveau et en introduisant le théâtre dans l'éducation. Puisque les Compagnons de saint Laurent sont à l'avant-garde du mouvement dramatique au Canada français, le Père ne peut qu'appuyer ce solide postulat:

> Lorsqu'ils savent à la fois s'appliquer et demeurer eux-mêmes, les amateurs sont capables d'une perfection qui leur est propre; il peut se dégager d'eux une fraîcheur et une sincérité qu'en général les professionnels ont perdues[34].

Cette remarque ne cessera, en effet, de hanter le Père et, en 1949, lorsque les Compagnons opteront pour le «professionnalisme», il en pressentira les conséquences pénibles; pour lui, ce changement marquera le début d'un relatif désarroi.

En 1938, Léon Chancerel devient directeur du Centre dramatique Kellerman à Paris où il établit un centre permanent d'études et de représentations dramatiques. Comme Copeau, il est d'avis qu'un métier ne peut se passer d'un laboratoire. Il poursuit, reprend, approfondit et réinvente, dans certaines de ses composantes, l'entreprise de Copeau. Le Centre Kellerman deviendra un lieu d'information, d'enseignement et de renseignements à propos du noble «jeu dramatique», que de jeunes artisans seront entraînés sur place à bien jouer. D'ailleurs, une de ses plus belles réalisations sera justement de remettre le jeu à la mode. Ce retour au «vrai théâtre» lui permet de retrouver et de réaffirmer certains principes perdus ou oubliés:

> Le jeu est un précieux instrument de perfectionnement physique et
> moral [...] unissant plus intimement les jeunes, les libérant d'eux-
> mêmes pour les fondre dans un tout baigné d'amour, de foi, d'abné-
> gation, de charité chrétienne[35].

Renouant avec la grande tradition technique de la commedia dell'arte, Chancerel initie ses élèves au jeu «pur» et improvisé, en faisant appel au masque, au mime, à la danse, à la chanson et au choeur parlé. À l'aide de tous ces moyens, il entend éveiller chez l'acteur une certaine attitude morale et une sensibilité envers son art, en plus de favoriser le développement de sa dextérité corporelle, de son expression verbale et de sa faculté d'invention. Cependant, le jeu deviendra pour lui plus qu'un instrument de travail, comportera plus qu'une valeur d'exercice: il sera le théâtre même, à l'état pur, et plusieurs des représentations montées par ses disciples consisteront en des jeux scéniques écrits par Chancerel lui-même. Le père Legault redoutera une déviation possible dans la mise au point de son propre programme et il s'écartera de cette notion, pour adopter la position de Copeau qui n'emploie le jeu improvisé que comme outil de conditionnement pour l'acteur et non comme une fin en soi. Du reste, Henri Brochet précise ce que le Père retient de chacun d'eux:

> L'effort des Compagnons de saint Laurent se situe à mi-chemin entre
> l'enseignement de Copeau et de Chancerel. Au premier, ils ont
> emprunté une extraordinaire pureté qui va du spectacle au comédien,
> un culte du vrai, l'horreur des glorioles, de la vedette — qui les a amenés
> à l'anonymat —; à l'autre, l'abandon à l'improvisation qui n'est
> qu'apparente, puisqu'elle est appuyée sur une formation solide[36].

Quoi qu'il en soit, l'animateur des Compagnons puise l'essentiel de ses idées, sur la formation et le jeu de l'acteur, auprès de ces deux hommes.

Plus tard, lorsqu'il sera de retour au Canada, le père Legault s'installera à la campagne avec ses comédiens et il renouvellera l'expérience de Copeau au Limon, de Stanislavski à Pouchkino et de Craig à l'aréna Goldoni. Son expérience personnelle ne durera qu'un an et l'on n'y retrouve rien de foncièrement nouveau, à part le fait que ce mode d'expérimentation et de formation s'articule spécifiquement sur les besoins des Compagnons de saint Laurent et s'adapte à la mesure de l'esprit canadien. Pour faire suite à cette tentative, le père Legault fonde, un an plus tard, soit en 1948, le Centre dramatique des Compagnons à Montréal. Cette école d'art dramatique, qui mènera ultérieurement à l'ouverture de l'École des Compagnons, présente certaines analogies avec le Centre Kellerman et l'École du Vieux-Colombier. De plus, à l'instar de Chancerel, il monte quelques spectacles inspirés par le théâtre de l'oncle Sébastien, où de jeunes Montréalais, âgés de six à quatorze ans, peuvent se divertir tout en prenant contact avec des pièces qui leur sont spécialement destinées. Le directeur des Compagnons se distingue, comme ses prédécesseurs, par son enseignement et ses réalisations pédagogiques. Ce faisant, il aide à créer des conditions favorables au développement et à la réhabilitation du comédien au Canada français.

Vers la même période, une autre tentative dramatique attire l'attention du père Legault: celle du père Boon, en Belgique. Nous ne possédons sur cette expérience d'autres indications que la description sommaire qu'en donne Maurice Déléglise dans *le Théâtre de Henri Ghéon:*

> Dans la paroisse de Knocke-sur-Mer, MM. Huib Hoste et René Moulaert construisirent, sur le modèle du Vieux-Colombier, la première scène moderne en Flandre et confièrent à M. l'abbé Ernest Verstraete la direction dramatique d'un groupe de jeunes filles. Le R. P. Boon découvrit cette troupe en 1929 et en prit la direction, la mettant sous l'influence directe de l'esprit et des méthodes de Henri Ghéon[37].

Nous présumons que les deux animateurs se sont rencontrés par l'entremise de Brochet et qu'ils ont échangé leurs idées sur les mérites d'une filiale internationale du théâtre amateur chrétien, sans se priver d'une bonne discussion à propos de l'interprétation de l'oeuvre ghéonesque.

Au terme de son voyage en Europe, le père Legault a atteint son objectif: il retourne à la scène avec une connaissance théorique approfondie, une préparation technique plus sûre et la conviction que, pour faire oeuvre nouvelle, il importe avant tout de débarrasser la scène de ses immondices en imposant un essai de réforme qui «[englobe] tous les éléments [concourant] à la manifestation théâtrale, depuis le dramaturge jusqu'au spectateur[38]». Ainsi

61

pourra-t-il former des acteurs, créer un public et susciter un répertoire typiquement canadien-français. Dans les faits, Émile Legault ne se manifestera jamais comme l'esclave inconditionnel d'aucun de ses modèles. Aidé des conseils de ses maîtres et s'inspirant de leurs exemples, il reformulera sa propre esthétique sur une base solide et il reprendra son activité auprès des Compagnons de saint Laurent dans le but immédiat de «l'insérer dans le contexte canadien».

NOTES
1. Jacques COPEAU, «L'esprit des petits théâtres», dans *Cahiers Renaud-Barrault*, II, 4, 1954, p. 9.
2. Marcel DOISY, *Jacques Copeau ou l'absolutisme dans l'art*, Cercle du Livre, Paris, 1954, pp. 205-206.
3. Michel SAINT-DENIS, *Theatre: The rediscovery of Style*, Heinemann, London, 1960, p. 72.
4. Émile LEGAULT, Confidences, p. 82.
5. France FAUNY-ANDERS, *Jacques Copeau et le Cartel des Quatre*, Nizet, Paris, 1959, p. 243.
6. France FAUNY-ANDERS, *op. cit.*, p. 246.
7. *Entrevue* sur bande magnétique, faite par l'auteur, Montréal, 1971.
8. Nous voulons souligner que les membres du Cartel des Quatre sont Jouvet, Baty, Dullin et Pitoëff et non Jouvet, Dullin, Baty et Barrault comme l'affirme Jean Hamelin dans *Le Renouveau du théâtre au Canada français*, p. 9.
9. Maurice DÉLÉGLISE, *le Théâtre de Henri Ghéon*, p. 348.
10. Émile LEGAULT, dans *Conférences du club musical et littéraire de Montréal*, 1941-1942, p. 32.
11. Régine PERNOUD, «Le Théâtre au Moyen Âge», dans *Encyclopédie de la Pléiade*, tome XIX, NRF, Paris, 1965, p. 555.
12. «Gustave Cohen chez les Compagnons», *Le Devoir*, XXXIII, no 48, 24 oct. 1942, p. 4, col. 3.
13. Jean-Marie CHARBONNEAU, *Bio-bibliographie du R. P. Émile Legault*, École des Bibliothécaires, Montréal, 1945, p. 31.
14. *Théâtre de l'Atelier*, 8 nov. 1938 — *La Terre est ronde ou Savonarole* d'André Salacrou.
Théâtre Montparnasse, 9 oct. 1938 — *Arden de Faversham* de H.-P. Lenormand. 30 nov. 1938 — *Dulcinée* de Gaston Baty. 31 janv. 1939 — *Manon Lescaut*, adaptation de M. Maurette. 9 mars 1939 — *Phèdre* de Jean Racine.
Théâtre des Mathurins, 3 nov. 1938 — *Là-bas* de Titayna. 10 déc. 1938 — *La Fenêtre ouverte* de M. Martin du Gard. 17 janv. 1939 — *La Mouette* d'Antoine Tchekov.
15. Émile LEGAULT, entrevue sur bande magnétique, 1971.

16. *Ibidem.*
17. F. FAUNY-ANDERS, *op. ci*
18. Pierre DALTOUR, «À L'Erm le cœur et l'âme de Paris...», dans les 1944, p. 50.
19. F. FAUNY-ANDERS, *op. ci*
20. *Ibidem*, p. 179.
21. Clément BORGAL, *Metteurs* 1963, p. 141.
22. Henri BROCHET, *Jeux, tréteat* p. 57.
23. Émile LEGAULT, «Vienne un gnons, I, 2, nov.-déc. 1944, p. 45.
24. Émile LEGAULT, *Conférences* 1941-1942, p. 31.
25. Émile LEGAULT, *entrevue* sur
26. *Ibidem.*
27. André BOLL, *La Mise en scène* Revue critique, Paris, 1944, p. 29.
28. Émile LEGAULT, *Conférences* 1941-1942, pp. 28-29.
29. France FAUNY-ANDERS, p. 46
30. Émile LEGAULT, «Décors pou *Compagnons*, I, 1, sept.-oct. 1944, p. 13.
31. *Ibid.*, II, 1, janv.-fév., p. 11.
32. Jacques COPEAU, *loc. cit.*, dans
33. Émile LEGAULT, dans Jean CUS *Chancerel*, Fides, Montréal, 1942, pp. 10-11
34. *Ibid.*, p. 80.
35. *Ibid.*, p. 66.
36. *Jeux tréteaux et personnages*, no 1
37. Maurice DÉLÉGLISE, *Le Théâtre*
38. Clément BORGAL, *Jacques Cope*

Chapitre III

Les Compagnons
de saint Laurent

> On ne peut nier que ce qu'on connaît et on ne peut tuer que ce qu'on remplace. [...]. Pour pouvoir créer en tenant compte de l'expérience des temps, il est nécessaire de connaître les temps passés.
>
> Jan Doat.

À sa rentrée au Canada, au printemps 1939, le père Legault est plus que mûr pour passer à l'action. Point par point, il redéfinit les buts du nouveau programme des Compagnons de saint Laurent. En fait, c'est d'un théâtre entièrement refondu, entièrement repensé, qu'il s'agit. Plus que jamais, le père Legault est persuadé que seul le théâtre d'art doit régner sur la scène canadienne et c'est à partir de cette idée qu'il reprend ses activités avec la troupe reconstituée des Compagnons. Imprégné de l'influence de Jacques Copeau comme de l'exemple d'Henri Ghéon, d'Henri Brochet et de Léon Chancerel, il aborde cette nouvelle période de son aventure avec un enthousiasme et un optimisme débordants. Tout reste encore à faire; toutefois, une nouvelle orientation se dessine clairement, comblant ainsi l'écart entre le théâtre réaliste et naturaliste et ce que deviendra le nouveau théâtre «canadien-français».

Aujourd'hui, lorsqu'il est question du panorama théâtral au Québec, on est enclin à sous-estimer ou même à ignorer l'importance et l'originalité du travail de base réalisé par le directeur des Compagnons de saint Laurent. On a trop tendance à ne voir l'initiative du père Legault que comme un outil de propagande religieuse ou encore, selon Michel Bélair, un véhicule à l'inéluctable «culture universelle» et au «théâtre de répertoire». C'est évidemment un outil de propagande, si l'on ne prend pas le temps d'examiner l'ensemble des circonstances et des facteurs se rapportant au développement du théâtre «canadien-français». Et l'on doit aussi souligner que la formule du théâtre chrétien fut vite délaissée par les Compagnons, au profit d'un théâtre intégral qui répondait aux exigences exclusives de l'art scénique. Ce qu'on oublie souvent de mentionner, c'est que le directeur artistique des Compagnons fut lui-même très préoccupé par l'avènement d'un théâtre national traduisant les aspirations du peuple québécois. «Nous rêvons, s'obstinait-il à nous répéter sans cesse, d'une réussite immense: l'élaboration d'une scène canadienne, multiple et homogène, autour de laquelle puisse se cristalliser le meilleur de l'âme canadienne[1].» Par rapport à l'aspect revendicateur du nouveau théâtre qui se manifeste actuellement au Québec, nous admettons que cette période n'est pas riche du point de vue de la création dramaturgique canadienne-française. Mais on doit souligner qu'à l'époque du renouveau théâtral effectué par les Compagnons de saint Laurent, le père Legault s'engageait à remédier à cette situation. Ainsi, était-il plein d'assurance lorsqu'il disait:

> Ne nous frappons pas. Nous avons nos poètes à qui il suffira de proposer un instrument et des modèles. J'en sais qui hésitent à écrire pour la scène faute de pouvoir compter sur une équipe disposée à les jouer proprement; les Compagnons s'offrent à eux avec leur bonne volonté. Le répertoire naîtra par un effet de suggestion[2].

66

Les précieuses ridicules: répétition à Vaudreuil, en novembre 1946. De gauche à droite: le père Legault, Denise Vachon, Jean Coutu et Thérèse Cadorette.

Cette première note d'optimisme doit certainement être interprétée comme un cri lointain de ce qui devait être, plus tard, la notion d'un théâtre proprement québécois.

Évidemment, les valeurs et les idéaux ont beaucoup changé depuis «l'âge d'or de l'esthétique théâtrale». Néanmoins, ce serait négliger plusieurs aspects importants de la question théâtrale «canadienne-française» que de la présenter et de l'étudier suivant les mêmes critères et les mêmes attitudes qui servent à une approche du «nouveau théâtre québécois». Le décalage qui s'impose, entre ces deux phénomènes, doit être respecté. En plus, dans une perspective historique et dans un sens artistique, on doit tenir compte du fait que le courant quasi réactionnaire des années 40 est le noyau central, à partir duquel se trace le nouvel orbite de notre monde théâtral.

Or, à notre sens, c'est singulièrement minimiser l'oeuvre du père Legault que de lui attribuer l'épithète péjorative de «divertissement-évasion» ou de qualifier son entreprise de «théâtre édifiant», comme le fait Jack Crompton dans un article publié dans le *nord.* Si l'on replace son action régénératrice dans sa juste perspective, on se rend compte qu'elle mit en lumière et en question plusieurs aspects de notre univers théâtral, qu'elle provoqua une prise de conscience culturelle collective et fut à l'origine d'une refonte du matériau dramatique au Canada français. Le père Legault fut l'instigateur du mouvement qui fit «d'un agonisant l'un des secteurs les plus importants de la vie culturelle québécoise » et nous sommes d'avis que, n'eût été cette entreprise, notre théâtre aurait mis plus de temps encore à déboucher sur la notion capitale de la «québécitude», à laquelle Michel Bélair fait allusion dans son étude sur les nouvelles phases du théâtre québécois d'aujourd'hui. Et c'est dans ce sens bien précis que l'on doit considérer l'élan du théâtre canadien-français et le cheminement d'une tradition et d'une idéologie «tributaires d'une école de pensée qui (s'adapta) parfaitement à la situation culturelle de l'après-guerre[4]». Nous analyserons ici les conceptions dramatiques du père Legault au plan purement artistique, c'est-à-dire en suivant des critères théâtraux, afin de replacer son expérience dans son juste contexte.

Si l'on fait un diagnostic du théâtre de son époque, on comprend que le père Legault se soit opposé à ce que la scène montréalaise se laisse emporter par un système de consommation vulgaire et marquer par la dépravation d'un art qui ne se souciait guère que de la loi de l'offre et de la demande ou, plus simplement du succès financier. Exposant avec force sa répugnance envers ce monopole et ce prosélytisme abject, il mène dès son retour d'Europe une campagne ouverte contre l'industrialisation d'un théâtre vide de sens: «Nous récusons toutes aspirations médiocres, toutes sophistications, toutes conceptions basses de ce que l'on nomme *le succès*[5].» Au même titre, il ne se contente pas de dénigrer l'imposture des exploiteurs-directeurs de la scène, de dénoncer l'esprit «vedette» et le cabotinage des acteurs, l'incompréhension et le mauvais goût du public ainsi que le dilettantisme de la critique, mais il fait table rase des conventions du naturalisme et du réalisme bourgeois. Position sérieuse qu'il doit défendre avec science et conviction et qui porte fruit au cours de la décennie suivante:

> Nous avons eu cette audace [...] de nous attaquer au théâtre «commercialisé», installé entre les mains «d'entrepreneurs» en spectacles. [...] Nous avons prétendu humilier le théâtre commercialisé, en révéler les rides et la décrépitude.
>
> Et nous y avons déjà en partie réussi. [...] La jeunesse a opté, massivement, pour la rigueur esthétique au théâtre[6].

Donc, le père Legault et ses Compagnons s'emploient, d'une part à la démystification de ce régime stéréotypé, à la dénonciation de cette forme de divertissement banal et, d'autre part, à former une solide tradition autochtone, à épurer les moeurs du théâtre et à réclamer pour l'art dramatique une nouvelle liberté. Ajoutons que c'est la première fois au Canada français qu'un directeur de troupe se veut à la fois créateur et critique de répertoire, tout en tâchant de trouver une solution concrète à notre problème théâtral. Dans ce réveil, les Compagnons entendent faire oeuvre culturelle et éducationnelle par le moyen d'un nouveau théâtre:

> Les Compagnons existent d'abord pour un rôle de réaction. Contre toutes les laideurs qui pervertissent le vrai visage du théâtre. Pour un rôle de construction aussi [...]. (Ils) veulent mettre la main à la roue et apporter leur effort dans l'oeuvre de reconstruction[7].

Sur ce plan, le travail du père Legault ne se limite pas, comme on a souvent tendance à le croire, à son activité avec les Compagnons de saint Laurent. Il dépasse ces bornes, par sa nature et par sa fonction. En fait, il est unique en son genre, constituant à lui seul une véritable révolution, au sens étymologique du terme, par la remise en ordre qu'il effectue dans le monde discrédité du théâtre. À travers les principales données de l'esthétique du père Legault, voyons comment se réalise son expérience multidimensionnelle; nous saisirons du même coup l'étonnant essor de l'art dramatique canadien-français entre 1937 et 1952.

De la leçon des esthéticiens étrangers, l'animateur des Compagnons retient que, pour que le théâtre soit vrai, authentique, inséparable du jeu et de la poésie, il faut tout reprendre à la base et «faire ou refaire le théâtre de notre pays»:

> Il faut reconstruire du tout au tout un théâtre neuf, miroir de notre âme collective qui trouve son rajeunissement constant dans une fidélité exacte à sa vocation[8].

Dès avant son retour d'Europe, le Père trace les grandes lignes du programme d'action que suivra la troupe reconstituée des Compagnons. Il est clair que, si les Compagnons comptent revivifier la scène au Canada français et en influencer l'orientation, ils doivent, primo, évoluer vers un raffinement précis de l'instrument dramatique; secundo, défendre leur idéal par un répertoire judicieux. L'enjeu est clair et leur sourit: un théâtre nouveau dans des formes nouvelles, pour attirer un public grandissant, constitue une aventure à laquelle ils croient fermement et pour laquelle ils sont prêts à se donner inconditionnellement. Ils acceptent aussi l'option requise au départ: un répertoire d'une qualité littéraire indéniable.

On trouvera en appendice le bilan complet des spectacles présentés par les Compagnons. Il suffit de s'y reporter pour constater que l'ensemble du répertoire forme un véritable kaléidoscope; mais on notera aussi que, dans une première suite d'images, celui-ci se contente d'osciller entre un théâtre chrétien, à caractère plus ou moins évangélisateur, et un théâtre de répertoire assez traditionnel. Cette hésitation, dans la poursuite d'un objectif beaucoup plus radical, peut s'expliquer à partir du cadre sociologique du Québec

Denise Vachon, Jean Coutu et Thérèse Cadorette dans une scène des *Précieuses ridicules*.

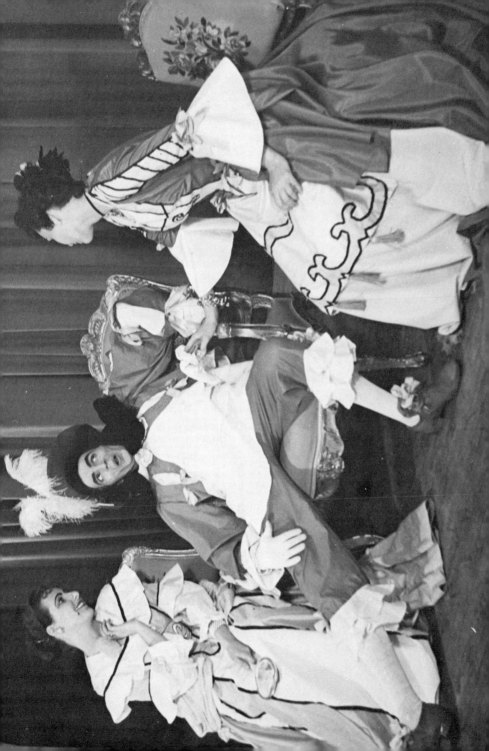

d'alors et, également, du fait que le père Legault se départit difficilement de son attitude presque mystique en face du théâtre. On se souvient qu'à cette époque encore la hiérarchie ecclésiastique au Québec sanctionne strictement les lois sociales et morales du peuple canadien-français et que, pour un public mi-puritain, mi-janséniste et non averti, le programme ébauché par le père Legault présente d'abord une porte d'accès à une culture saine et acceptable pour tous. Cette stratégie habile autant que spontanée permet de tâter le pouls du nouveau public ainsi que de préparer la voie à un autre théâtre soi-disant «profane» et plus avant-gardiste. André Langevin aborde brièvement la question du théâtre religieux chez les Compagnons:

> Pour ceux qui ont si souvent reproché aux Compagnons de s'en tenir à Ghéon, Chancerel, Brochet et au théâtre de patronage, [ces] oeuvres ne leur étaient qu'un instrument. Ces auteurs leur ont permis de se mieux former à leur art, ils leur ont enseigné un art scénique rénové, la jeunesse et la probité artistique. (Ils n'ont pas voulu nous les imposer comme les plus grands dramaturges de tous les temps.) [...] Les Compagnons possèdent (maintenant) la formation nécessaire pour nous présenter de grands dramaturges sans craindre de ne pas leur rendre justice[9].

À ce point de vue, le père Legault a même droit à une certaine reconnaissance, puisqu'il a su donner le plus de relief possible au théâtre chrétien. Ce retour de la religion au théâtre, il le fait sans engager de polémique. Présentant leur cause sans affectation, sans préjugé, les Compagnons se placent subtilement au premier rang du théâtre canadien au moment où celui-ci demande à s'affirmer dans une direction nouvelle.

La doctrine du père Legault se fonde, il va sans dire, sur un ordre intérieur et l'accord entre les principes d'éthique et les principes d'esthétique, dans l'art scénique, «colle» nécessairement à la réalité québécoise du temps. À vrai dire, ce n'est que quelques années plus tard que ces deux pôles vont s'opposer pour faire place à un théâtre plus actuel dominé par des concepts artistiques. Et c'est ainsi qu'en 1939, le père Legault élargit son champ d'action en optant pour «le théâtre tout court — religieux, profane — à condition qu'il (soit) un théâtre d'art sain où la poétique, le jeu et la convention (entrent) en composantes harmonisées[10]». Il se rend compte que son attitude socio-apostolique compartimente trop son répertoire; ce qu'il recherche, à partir de ce moment, c'est une réconciliation avec la forme conventionnelle du théâtre et un répertoire répondant aux besoins de l'expérience du temps. S'éloignant de plus en plus du théâtre bourgeois réaliste, les oeuvres nouvelles qu'il mettra à son programme formeront un répertoire plus équilibré et plus simple, ce qui ne veut pas dire plus facile ou ennuyeux.

Les Compagnons furent les premiers et les seuls à inscrire à leurs programmes les noms d'auteurs qui figurent «dans (la) courbe immortelle qui va de Sophocle à Claudel[11]». Ils offrent à leur public et à la presse l'attrait de la nouveauté et le goût de l'insolite. Ils avancent donc sur un terrain vierge et l'entreprise est d'importance. À part Molière — qu'ils jouent souvent et qui d'ailleurs leur apporte leurs plus grands succès — Corneille, Racine et Obey, aucune de leurs représentations ne reprendra des pièces jouées sur la scène montréalaise auparavant. Fidèle à sa doctrine, le père Legault est conscient de la nécessité de familiariser le public avec les chefs-d'oeuvres du passé et il vise à les assouplir par l'interprétation et la mise en scène. Mais le passé n'a d'intérêt pour lui «que dans la mesure où il (lui) fournit des prétextes ou des modèles pour bâtir positivement une réalité en marche[12]». Donc, aux classiques montés dans un style rajeuni, viendront s'ajouter Shakespeare et les poètes romantiques: Beaumarchais, Musset et Marivaux. Toutefois, il reconnaît aussi la valeur de lancements réguliers de textes contemporains. À ce titre, on lui doit particulièrement d'avoir fait découvrir au Canada français Claudel, Cocteau, Anouilh, Giraudoux, Lorca, Martinez Siera, Goldoni, Pirandello, Eliot ainsi que les dramaturges américains Tennessee Williams, Thornton Wilder et Emmet Lavery, en plus d'avoir donné la première mondiale de L'Honneur de Dieu de Pierre Emmanuel. Le flair qu'ont les Compagnons pour la comédie leur gagne, à bon droit, la sympathie du public. L'originalité du choix du père Legault se traduit par son évolution de la commedia dell'arte sous une forme moderne (Les Femmes savantes, Les Précieuses ridicules et Le Misanthrope) vers un humour poétique et raffiné, comme dans l'Apollon de Bellac, en passant par un mélange de fantaisie, de poésie et de farce — dans des formes de comédie satirique et ironique telles que Le Bal des voleurs, On ne badine pas

73

*avec l'Amour, Le Voyage de monsieur Perrichon, Les Romanesques,
La Dame de l'aube* et *La Nuit des rois* — pour aller jusqu'à la grosse
farce, tendant au burlesque, que sont *Les Fourberies de Scapin, Les
Gueux au paradis* et *L'Impromptu de Barbe-Bleue* de Charles
Vildrac. De tous ces spectacles, ce sont *Les Fourberies de Scapin* (à
l'Ermitage en 1944) qui obtiennent le plus grand succès:

> Le spectacle des Compagnons dépasse la réalisation de la Maison de
> Molière. Le compliment est imposant; personne ne me contredira qui
> aura vu l'élan, la précision de rythme, l'allégresse comique déployée par
> les Compagnons. Jouant la farce de Molière sous le masque, ils en tirent
> des effets irrésistibles. Dès la première réplique, d'ailleurs, le public est
> accroché; la tension de la salle ne cesse d'augmenter et l'on se retient de
> rire pour ne perdre aucune répartie. Les costumes sont frais et plaisent à
> l'oeil. Le jeu multiforme des acteurs renouvelle sans cesse la com-
> position mouvante de la scène[13].

Mais il ne faut pas oublier pour cela les réussites des Compagnons
dans le drame et la tragédie. Du reste, l'alternance de ces genres à leur
programme est sans doute l'un des secrets de leur force et de leur
pérennité. Le père Legault ajoute à son répertoire *Orphée* et *Oedipe-
Roi, Roméo et Juliette, Meurtre dans la cathédrale, Andromaque,
Les Noces de sang, L'Échange* de Claudel, *Antigone* et *Le Viol de
Lucrèce.* Au sujet des deux dernières pièces, l'opinion de la critique
est divisée et laisse planer une note discordante sur le plan
idéologique. À l'occasion de la présentation d'*Antigone,* on reproche
au Père d'avoir procédé à certains remaniements arbitraires. Nous
savons bien aujourd'hui ce qu'il faut penser de telles accusations.
Toujours fidèle à l'auteur et au texte, l'interprétation du père Legault
n'avait consisté qu'à choisir lui-même la version «interprétative» qui
lui semblait la meilleure. Il avait simplement heurté le goût
conventionnel de certaines gens. Cette circonstance n'est pas que
négative, cependant; car elle fournit au Père «l'occasion de définir
publiquement ses positions comme il n'avait jamais fait jusque-là et
de réclamer une certaine liberté[14]» d'interprétation pour le metteur
en scène. Théâtre édifiant? Il faudrait alors renier la tradition
théâtrale universelle!

Mais enfin on peut bien se demander, et avec raison, quelle
position le père Legault adopta vis-à-vis du théâtre «canadien-

Le Malade imaginaire: Guy Hoffman dans le rôle d'Argon
(novembre 1949 et mars 1950).

français», puisque les Compagnons n'ont joué que quatre pièces canadiennes-françaises. Disons tout de suite que, tout au long de sa carrière théâtrale, l'animateur des Compagnons a entretenu les vues les plus hautes à propos d'un théâtre national et en a souhaité l'apparition prochaine. Ses paroles en font la preuve:

> Si vous voulez retrouver toute la noblesse de l'art théâtral, il faut le reconnaître comme le rassembleur de tout un peuple autour de son âme nationale [...]. Si l'on veut un théâtre national, digne de sa fonction, qu'il devienne le rendez-vous de nos meilleurs poètes, de ceux qui reflètent exactement les multiples facettes de notre âme traditionnelle, que des poètes écrivent des oeuvres où soient représentés les rêves, les élans, les mystères, les richesses de notre peuple. Et que les représentations revêtent pour ce peuple le caractère d'un rite national[15].

On ne peut donc pas accuser le père Legault d'avoir balayé de la main la réalité de la collectivité québécoise et de ne pas avoir encouragé l'éclosion d'une expression théâtrale reflétant les mythes, les rêves ou les caractéristiques qui lui sont propres. L'épreuve du dramaturge, c'est d'être joué. Cette chance, le Père la donna un peu timidement, sachant bien toutefois que son oeuvre resterait incomplète sans l'essai de nos poètes à la scène. Il alla même jusqu'à organiser des concours destinés aux jeunes auteurs québécois. Une annonce dans *le Devoir,* du 28 juin 1947, fait part de sa perspicacité en cette matière:

> Pour encourager l'art dramatique [...] négligé chez nous, les Amis de l'Art annoncent [...] un concours de pièces de théâtre en un acte et en trois actes, ouvert à tous les citoyens canadiens des deux langues, leur âge ne devant pas dépasser 35 ans.
>
> Jury:
> le R. P. Émile Legault, directeur des Compagnons; M. Louis Mulligan, du Montreal Repertory Theatre; M. Jean Béraud, critique dramatique à *la Presse*[16].

Pourtant, faute de dramaturges contemporains de valeur parmi nos compatriotes, les plus brillants triomphes des Compagnons resteront les oeuvres classiques et les auteurs modernes français et étrangers. Il suffit, pour se convaincre de la carence des poètes scéniques canadiens-français, de consulter *Le Théâtre québécois* de Godin et Mailhot. Ces derniers affirment sans scrupule:

> Il semble bien que [...] les quarante premières années du vingtième

(siècle) aient apporté peu d'oeuvres significatives; rien en tout cas qui s'impose à la postérité[17].

Et c'est le cas pour *La Passion de Notre-Seigneur,* du père André Legault, et *Les Bergers à la crèche* de Robert Choquette. Peut-être *Sanctus* et *Maluron,* de Félix Leclerc, sont-elles les expressions dramatiques les plus proches des Québécois à cette époque, car Leclerc est le seul à avoir amassé la substance enrichissante de ses courtes fantaisies dramatiques «dans l'humus de notre fonds humain, de nos traditions[18]». Mais, comme nous le savons, il se fera une réputation de chansonnier-poète plutôt que d'auteur dramatique. En peu de temps cette situation devait changer. Ce ne fut pas par snobisme ni par indifférence que les Compagnons jouèrent un répertoire «importé». Il fallait jouer des pièces étrangères, car le repas aurait été maigre si l'on s'était alimenté uniquement au répertoire canadien. Pour ainsi dire, le père Legault prépara le terrain pour une dramaturgie québécoise et mit en question la notion même de l'oeuvre autochtone, le théâtre devenant pour lui un instrument de communication vital, significatif et immédiat. Il était inévitable de passer par ce stage inspiré des cultures étrangères, avant d'accéder à une prise de conscience nationale et à une culture dramatique autochtone.

Le père Legault eut assurément raison de croire que le théâtre, au Canada français, ne pouvait «bouger» que s'il s'appropriait les instruments indispensables à son développement: l'acteur, le metteur en scène et, comme de raison, la scène elle-même ainsi que le public. La tradition, sous toutes ses formes, demeure son argument principal et s'il se cabre contre des procédés boiteux et périmés, ce n'est pas simplement pour s'ancrer dans le nouveau. Il se souviendra des paroles de Copeau:

> Il n'est pas de renouvellement durable qui ne se rattache à la tradition, continuée ou retrouvée, point de révolution qui n'aille jeter ses racines dans les secrets les plus éloignés d'une tradition qu'on croyait morte. [...] On s'imagine trop volontiers encore que la nouveauté, c'est le changement[19].

Sans doute, le directeur des Compagnons emprunte-t-il nombre de ses idées aux animateurs français, mais on peut voir que lui-même, avant son départ pour l'Europe, tend vers des concepts éprouvés qui ont autrefois fait la grandeur du théâtre. Il lui faut donc, en même temps qu'il refuse la stéréotypie et les clichés à la mode, décomposer les produits et les assemblages qu'on trouve encore le plus souvent sur la scène — ceux de l'art photographiquement plat du théâtre de boulevard — et, avec les fragments, reconstruire un nouveau matériau dramatique. Pour redonner au théâtre son sens d'art, il remet à l'honneur des valeurs esthétiques prioritaires et des méthodes épurées, qui sont, selon lui, les outils nécessaires à la rénovation du théâtre. Unissant étroitement la notion de «théâtralité» et celle d'art, il déclare:

> Le Théâtre est un art exigeant (qui) ne saurait s'accommoder de la seule virtuosité technique. [...] Il réclame une interprétation poétique de la réalité, une transposition. [...] Sa qualité est d'être réel dans l'irréel, et [...] il ne saurait sans se trahir [...] reproduire [...] les banalités quotidiennes[20].

S'appuyant sur du concret, il s'engage dans la voie du vrai travail en y appliquant ses connaissances, son intuition, ses talents et son sens artistique. Mais par où commencer? Car, comme le souligne Louvigny de Montigny, «les causes de la malcroissance du théâtre sont si multiples qu'il est difficile de les démêler des autres causes de dépérissement qui guettent toute germination artistique au Canada[21]». Une chose est certaine, c'est qu'il faut réhabiliter la profession du comédien et le comédien lui-même. Jusqu'alors, ce dernier se voit irrévocablement tenu en défaveur, par sa faute en certains cas, mais plus généralement parce que le théâtre est devenu synonyme d'un passe-temps superficiel et trivial. Par le répertoire que jouent les Compagnons, le Père s'applique à changer l'image publique du comédien. Sans «interprète», il n'y a pas de théâtre, c'est la logique même. Or, le Père est persuadé que «chez nous [...] la reconstruction du théâtre, sa préservation, son embellissement constant seront largement conditionnés par une réforme du comédien[22]».

La formation du comédien, ce «médiateur» entre le dramaturge et le spectateur, devient une des préoccupations majeures du père Legault. Entre deux tendances assez extrêmes, l'une prêtant toujours

L'Échange à l'Ermitage. Madame Ludmilla Pitoëff, Margot Groulx et Jean-Louis Roux. (Photo Léonard.)

à l'acteur des moeurs plus ou moins dépravées et l'autre magnifiant le culte de la «vedette» (avec tout ce que cela implique d'artifice, de cabotinage et d'affectation de tout genre), il recherche un juste milieu où l'acteur sera vu d'un oeil favorable. Faisant l'inventaire des dangers qui menacent le comédien, il ressent le besoin de le protéger non seulement contre l'exploitation mais aussi contre lui-même:

> L'élaboration d'une vie théâtrale canadienne se fera par la concentration des artisans sincères pour qui le théâtre est autre chose qu'un prétexte à des manifestations mondaines sans prolongement culturel[23].

Ainsi, l'acteur doit abdiquer sa personnalité et se coller à la peau d'un personnage lorsqu'il est sur scène et, pour aboutir à cela, il faut lui donner une conception très haute de son métier. Le comédien doit prendre conscience de l'importance et de l'essence même de son rôle, qui est avant tout social:

> La fin de l'artiste n'est pas d'usurper, cela va de soi, les fonctions du politique, du guerrier, du moraliste, de l'homme de science, mais de faire rayonner [...] un reflet de beauté à travers les dispositions harmonieuses d'une matière, verbe, lumière, couleur, éloquence du corps, matière contrainte à servir l'esprit[24].

Puis il ajoute:

> Le théâtre marque [...], dans la mesure où il fait réagir autour de certaines pensées, de certaines émotions, de certaines concessions. C'est à ce titre que le comédien assume une responsabilité et qu'on a le droit de lui demander compte de son action[25].

En faisant l'apologie du comédien, le père Legault n'ambitionne pas d'ériger celui-ci en héros mythologique ou même de lui donner une place à part. C'est exagérer les choses que de parler de l'acteur, à cette époque, comme d'une sorte de divinité puisque le Père vise justement à détruire cette notion erronée: «Il faut bien le dire, (pour) l'homme de la rue, l'homme de tous les jours [...], les comédiens sont des personnages à part, ennoblis par la main des dieux. Il devrait savoir qu'ils ne sont pourtant qu'une femme, qu'un homme de stature ordinaire, qui ont cultivé les lignes de force d'un talent particulier[26].» Visionnaire, il l'a été puisqu'il a aidé le comédien à retrouver son prestige, sa dignité perdue et à revendiquer son «humanité». Cette nouvelle conception du comédien, parce qu'elle s'affirme contre l'abâtardissement d'un métier difficile, exigeant de multiples qualités et une abnégation peu commune, sert à réintégrer ce personnage dans une société qui l'a longtemps banni.

Selon le père Legault, au théâtre comme dans toute autre profession, il est essentiel de se soumettre à des lois, à des règlements, car le théâtre n'est pas seulement un art, il est aussi un artisanat. Au départ, il s'adressera à des amateurs qu'il tiendra loin de la «tentation d'exhibitionnisme, [...] du battage des caisses, de l'enivrement et des illusions[27]], et qui accepteront plus volontiers de se plier à une discipline sérieuse. Il voue son énergie à la création d'une troupe qui puisse être «d'accord sur toute la ligne: primauté de l'équipe, anonymat, exigence de la poésie[28]». Former une troupe, dira-t-on, est chose facile car tant de jeunes rêvent de monter sur les planches. Toutefois, constituer une équipe qui réponde à toutes les exigences de la scène et qui puisse maîtriser l'aspect technique et scénique d'un théâtre est déjà plus difficile. Mais les Compagnons ont relevé ce défi; ils ont tenu bon pendant quinze ans et cela, en soi, constitue un record. Quelle fut la clé de leur succès, de leur durée? Il y a d'abord les réalisations pédagogiques du père Legault; il y a ensuite la générosité des artisans qui ont fait partie des Compagnons de saint Laurent.

Alors que les imprésarios s'occupent de trouver des vedettes, le père Legault veut trouver de jeunes comédiens qui envahiront les théâtres de demain. On se souviendra que dès 1947 il fait audacieusement sa première démarche de pédagogue, en entraînant ses disciples à Vaudreuil. Loin de la ville, il entend établir une «colonie» de comédiens qui sera en même temps un laboratoire d'études dramatiques «dans la virginité de la grande nature». Dans sa réforme du comédien, il accorde une importance égale aux problèmes moraux, sociaux et esthétiques auxquels il cherche des remèdes. Tout d'abord, chaque comédien doit s'assujettir à une série d'exercices et d'études qui assoupliront son corps et sensibiliseront son esprit. Ensuite, les besognes pratiques les plus diverses lui montreront la nécessité, pour un comédien, de posséder son métier dans les moindres détails. Pour le Père:

> Un acteur, c'est un athlète, un clown, un danseur, un acrobate [...]. Le comédien est un serviteur, le serviteur souple et disponible d'un texte

dramatique. Il doit abdiquer sa personnalité au profit d'une autre âme provisoirement assumée. Cela exige une certaine ascèse. [...] Un comédien qui va jusqu'au bout de lui-même, c'est un modeste et un têtu qui fait bon marché de ses dons immédiats, de taille, de voix, d'apparence et qui se travaille l'âme en dureté et en profondeur[29].

Ce long travail d'apprentissage requiert, en certaines circonstances, des directives précises. L'animateur des Compagnons connaît aussi la valeur de l'expérimentation-improvisation; l'apprenti comédien renouera donc avec la véritable tradition, celle du jeu improvisé qui n'a sa place qu'en studio. Par ce retour aux grandes traditions techniques, il maîtrisera avec plus de facilité l'art d'incarner un personnage. Cette métamorphose est comparable, sous plusieurs aspects, à la création d'une oeuvre dramatique.

Quant à l'interprétation, le Père croit qu'à «l'exemple d'un «orchestre», elle doit former un tout indissoluble sur la scène de façon que chacun mette ses qualités au service des autres sans toujours viser à faire ressortir sa personnalité[30]». L'éducation technique, pratique et intellectuelle, de l'artiste comédien doit toutefois dépasser les bornes de l'atelier. *Fabricando fit faber:* il fera de ce vieil adage, sa devise permanente car, comme il le souligne:

L'art dramatique ne s'apprend pas en studio fermé seulement, par la seule étude unilatérale des textes. On peut, en studio, maîtriser les règles de la phonétique, assimiler une technique vocale; on peut aussi, par des exercices appropriés de mime et d'improvisation, découvrir les secrets de la plastique et du rythme corporel [...] mais il serait étonnant et rare que (l'acteur puisse) apprendre vraiment (son) métier sans l'exercer de façon pratique sur une scène. C'est pourquoi je ne vois un Conservatoire [...] que menant parallèlement un théâtre expérimental[31].

L'expérience de Vaudreuil permettra à l'animateur des Compagnons d'approfondir et de mettre en pratique ses idées personnelles sur la technique dramatique. En sus, elle fournira au comédien les moyens de se libérer de la routine du métier; elle l'encouragera à donner libre cours à sa spontanéité et lui proposera une profonde leçon de simplicité. Cependant, le long trajet entre la campagne et la métropole, où ces jeunes comédiens doivent se rendre pour donner leurs spectacles, et l'isolement de la vie quasi claustrale qu'ils mènent décident le père Legault à abandonner ce projet. Loin

82

Jean Coutu, que le Festival dramatique national a reconnu en 1947 comme le meilleur acteur de soutien dans le rôle du sacristain des *Gueux au paradis*. (Photo Marantow.)

de se décourager, il fonde en 1949 son école, en marge du Théâtre des Compagnons. Il ne peut plus concevoir l'un sans l'autre et il se convaincra avec le temps que son école est une expérience indispensable pour son projet de rénovation théâtrale. Faisant appel à une nouvelle génération de jeunes, le dessein du père Legault ira au-delà de la formation de l'acteur; il entend aborder tous les aspects de l'art du théâtre, en instaurant un cycle d'études pour auteurs, metteurs en scène et techniciens de la scène. Dans cette perspective, on peut conclure qu'avec l'appui des conseils de Chancerel et de l'exemple de Copeau, mais refaisant personnellement l'expérience des Compagnons de saint Laurent, le père Legault découvre les instruments essentiels à la structuration d'un théâtre neuf. Cette initiative, qui malheureusement ne dépassera pas les premiers stades d'expérimentation, sera l'une des plus grandes forces de frappe du jeune prêtre québécois et, plus tard, conduira directement à l'ouverture de conservatoires et d'écoles qui s'appuieront sur les mêmes principes. «Nous avons donc tenté de réunir quelques vrais artisans d'un renouveau du théâtre, dira-t-il. Leur action ne vise pas à être pur divertissement et jeu gratuit, mais elle (s'efforcera) d'être au service d'une certaine conception de l'avenir culturel de notre pays[32].»

Les Compagnons, à leurs débuts, choisirent de travailler dans l'anonymat et, en cela, ils adoptèrent une optique entièrement différente de ce qui s'était fait auparavant au Canada. Au même titre, ils furent une équipe «concertante» et non un ensemble de personnages juxtaposés, sinon opposés. En fait, une expression qui caractérise ce groupe d'amateurs, devenus semi-professionnels, serait celle d'une «famille» de comédiens unissant

> toutes les formes de tempéraments, peut-être des arrière-plans culturels ou sociaux différents, des talents variés mais à travers un monde en réduction une sorte d'affinité commune, une allégeance fervente et désintéressée[33].

La composition, l'entraînement sévère et rigide, les activités collectives et la «réalité» communautaire des Compagnons furent indiscutablement les points d'appui de la jeune troupe. En se référant ainsi aux statuts internes de l'équipe, qui en cours de route se définirent de plus en plus, on peut dire que l'aventure des Compagnons n'aurait jamais tenu le coup n'eussent été la collaboration intime et le support moral des artisans qui en firent partie. Ce qui frappe le plus, c'est la tonalité et la coloration particulières qui distinguèrent l'action des Compagnons de toute autre activité théâtrale au Québec; car chacun se donna la responsabilité de défendre l'orientation idéologique d'un théâtre de chez nous. Chaque comédien eut le désir de se consacrer à la libération du théâtre, à sa propre libération en tant qu'acteur; et ensemble ils proposèrent un exemple qui pouvait être un modèle du genre. Mais la première équipe «permanente» des Compagnons aurait, assurément, perdu de son entrain sans l'addition d'un grand nombre de membres permanents et temporaires, qui vinrent y ajouter leur travail et leur énergie et qui injectèrent du sang neuf à l'entreprise. Pour tous, chaque spectacle était l'occasion de cimenter l'esprit d'équipe qui les animait. Chaque comédien «(éprouva) le besoin de s'appuyer sur son compagnon, tous (sentant) obscurément qu'une défaillance de l'un d'entre eux pourrait être fatale à l'ensemble de la réalisation[34]». Leur but fut donc de se mettre au service de la scène pour en améliorer la disposition. Si l'on considère la portée de leurs réalisations, il n'est peut-être pas tout à fait illusoire de penser que le père Legault et ses Compagnons ont réussi à relier le passé à une culture contemporaine, venue d'ailleurs, qui s'appelle la culture québécoise. En plus, ils ont contribué à l'acceptation et à la reconnaissance officielle d'un théâtre «canadien-français», celui-ci se «posant comme une essentielle et inévitable phase introductive[35]» au fait théâtral «québécois».

Le projet du père Legault ne se limite toutefois pas à sa recherche d'un nouveau répertoire et à la réhabilitation du comédien. Puisqu'il doit lui-même régler les mises en scène des Compagnons, il se rend compte de l'inutilité d'avoir une troupe et des oeuvres intéressantes et riches si l'on ne peut concilier tous les éléments qui font du théâtre un «spectacle». Ce qui sensibilise le public, c'est la «production» proprement dite de l'oeuvre littéraire; et la façon la plus rationnelle et la plus orthodoxe d'aborder une représentation théâtrale, selon lui, est par une mise en scène poético-visuelle, toujours et exclusivement en fonction du texte. En fait, ce qui explique que le théâtre «colle», c'est cette compréhension du phénomène de la transposition, car la mise en scène relève directement de la connaissance d'un texte sur les

85

plans littéraire et théâtral. Or, le metteur en scène doit doser selon son imagination, dans le respect de la convention, les divers éléments du spectacle: en créant une ambiance, en suggérant l'atmosphère de l'oeuvre et en substituant au réalisme vulgaire une mise en scène suggestive, à l'aide de tous les autres arts plastiques destinés à lui rendre sa forme. C'est ce que le directeur des *Cahiers des Compagnons* affirme avec beaucoup de relief:

> Pour juger d'une oeuvre dramatique, il faut [...] la lire debout, en sentant sous ses pieds, par un jeu de l'imagination, la solidité des planches. Il faut chercher, avant même la rigueur psychologique ou la puissance de l'affabulation, cette impatience derrière les mots qui veulent prendre corps; se résoudre en une plastique animée; il faut chercher, à travers le verbe, le soulèvement de la poésie qui crève les plafonds bas du réalisme, pour déterminer l'envol de l'imagination ou la joie de l'esprit. Il doit y avoir, sous le verbe dramatique, une promesse qui ne trompe pas, par quoi se décèle la main de l'ouvrier[36].

Le texte est donc bien partie essentielle de l'art dramatique, sans en être la fin; les autres arts doivent se mettre à son service pour le rendre «scénique». Pour atteindre ce but, le metteur en scène doit savoir tirer parti de la nature de chaque comédien qui prend part à la «théâtralisation» du texte écrit; il dirige ainsi les attitudes, les expressions et le ton des comédiens, tout en leur laissant la latitude nécessaire à la conception de leur «jeu» et de leurs personnages, et il veille aux éclairages, aux décors et à la musique, laissant, à nouveau, une liberté d'expression au peintre, au scénographe et au musicien, car une mise en scène par son essence même est d'abord:

> [...] l'exégèse profonde d'un tout, l'assimilation d'une certaine nervosité dramatique, la concentration d'une pensée[37].

S'attachant à décrire le fait dramatique, dans ce que l'on pourrait appeler un espace théâtral épuré, le père Legault tient à ce que le théâtre soit un lieu autant physique qu'intellectuel, un cadre qui, à la fois, circonscrit l'action théâtrale de la représentation et est circonscrit par elle. Remettant en question l'espace surchargé et criard de la tradition bourgeoise, où le décor et les costumes écrasent le mot, il récuse toute préoccupation de réalisme sur la scène, en fonctionnant à partir de moyens réduits et «purs». Pour bien accentuer ce parti pris antiréaliste, le père Legault, dès son premier spectacle, invite le public à l'abandon du souci naturaliste. L'art

Robert Speaight dans *Meurtre dans la cathédrale.*

dramatique, comme il l'entend, ne doit pas échapper à son rôle qui est de «signifier» le réel et non de le reproduire platement.

Or, après l'étude du texte, vient, pour le metteur en scène, l'étude du décor. Le problème fondamental est de réaliser un espace décrivant les trois dimensions de la scène et non seulement ses surfaces horizontales. Pour restituer à l'espace scénique la troisième dimension, le Père fait appel aux praticables qui consistent en plates-formes, plans inclinés, escaliers ou cubes articulant le plateau et fournissant à l'acteur l'occasion de donner à son jeu plus de variété et de transformer, par le mouvement, la pensée profonde de l'oeuvre littéraire. S'intégrant en quelque sorte à l'aire du jeu, le spectateur peut ainsi reprendre sa place de joueur. Cette transformation du style conventionnel du théâtre délivre le spectateur de la matière artificielle et brute de la machinerie et du trompe-l'oeil.

Pour rétablir un contact entre la salle et la scène. le père Legault tire profit du proscenium. Il est évident que, pour des pièces où l'action se déroule en plusieurs lieux, le proscenium relie les différentes aires de jeu et donne une homogénéité au spectacle. Parfois, pour des pièces requérant un espace moins complexe, de simples tentures permettent de délimiter le lieu de l'action. Une tenture sobre remplace le rideau voyant d'autrefois et un système d'éclairage indirect vient compléter l'architecture, traçant dans l'espace des plans et des lieux, des jeux d'ombres et de lumière qui suffisent à définir une atmosphère; car aucune pièce montée par le père Legault ne se soucie de l'époque ni du lieu.

De même que le décor retrouve sa fonction propre, celle d'être «un support et un tremplin de l'action sénique[38]», la conception de la costumation doit aussi subir un changement. Simplifiés par besoin de souligner les traits principaux du jeu de l'acteur, les costumes ne doivent pas simplement plaire à l'oeil mais, eux aussi, doivent servir de texte et de prétexte aux évolutions du comédien et au déroulement de l'oeuvre scénique.

Le père Legault joua donc un rôle important dans l'évolution de la fonction du metteur en scène au Canada. Il lui revient d'avoir élevé la conception du théâtre, qui est avant tout «représentation», harmonie et équilibre entre divers éléments liés étroitement, par l'emploi de la mise en scène. Ce faisant, il a également doté le théâtre contemporain «canadien-français» d'une physionomie tout à fait originale. Pour se rendre compte du travail qu'il a accompli dans ce domaine, il n'est que de mesurer la distance qui sépare ce concept de celui de l'ancienne régie.

Quant au problème de l'accessibilité de ce nouveau théâtre «canadien-français», pierre d'achoppement du metteur en scène et obstacle majeur à son développement, le père Legault forme depuis longtemps le projet ambitieux de s'adresser à tout le monde:

> Nous nous adressons au grand public. Nous participons à l'évolution culturelle qui s'élabore chez nous. Le théâtre est encore à bâtir. Nous estimons qu'il est de toute première importance [...] que nous puissions nous réclamer d'un humanisme authentique, bien en santé [39].

Dans une conférence sur «le troisième élément du théâtre», le père Legault souligne le rôle indispensable que doit jouer le public pour assurer la renaissance de la vie dramatique au Canada français. «Le théâtre canadien, remarque-t-il, tient moins dans l'écriture et dans le cadre de l'action que dans une question d'esprit, de climat [40].» Mais il est conscient du fait qu'il ne suffit pas que le peuple aime le théâtre et s'y rende; il faut nécessairement que le théâtre aille vers le peuple lui-même. C'est bien ce que les Compagnons ont essayé de faire par leurs tournées multiples à travers la province, leurs spectacles en plein air, en plus de leurs saisons régulières à Montréal.

Pourtant, malgré tout cela, malgré l'effort qu'ils ont fait pour rejoindre le grand public, Bélair et Crompton s'obstinent à qualifier leur entreprise «d'élitisme». Il sera plus facile de déterminer la validité ou la non-validité de leur argument en examinant les données mêmes de la société et de la critique canadiennes-françaises.

NOTES

1. « Nous sommes des artisans», dans les *Cahiers des Compagnons,* I, 2, nov. 1941-1942, p. 33.
2. Émile LEGAULT, *Conférences du club musical et littéraire de Montréal,* 1941-1942, p. 36.
3. Michel BÉLAIR, *Le Nouveau Théâtre québécois,* p. 22.
4. *Ibid.*
5. Dans les *Cahiers des Compagnons,* I, 5-6, mai-août 1945, p. 177.
6. *Ibid.,* II, 1, janv.-fév. 1946, pp. 9-10.
7. Émile LEGAULT, *op. cit.,* pp. 29 et 32.
8. Émile LEGAULT, dans Jean CUSSON, Un réformateur de théâtre: *Léon Chancerel,* p. 10.
9. «Les Compagnons de Saint-Laurent», *Le Devoir,* XXXVI, no 232, 10 oct. 1945, p. 7, col. 4.
10. Émile LEGAULT, dans Jean HAMELIN, *Le Renouveau du théâtre au Canada français,* p. 29.
11. Émile LEGAULT, *Conférences du club musical et littéraire de Montréal,* 1941-1942, p. 36.
12. *Ibid.,* p. 29.
13. C.F., «Les Compagnons à Rimouski», *Le Devoir,* XXXV, no 242, 20 oct. 1944, p. 4, col. 5.
14. Jean HAMELIN, *op. cit.,* p. 29.
15. Émile LEGAULT, «Vérisme et poésie du théâtre», dans les *Conférences du Club musical et littéraire de Montréal,* 1942-1943, pp. 87-88.
16. *Le Devoir,* XXXVIII, no 147, 28 juin 1947, p. 8, col. 5-6.
17. J.-C. GODIN et R. MAILHOT, *op cit.,* p. 26.
18. Émile LEGAULT, «Cinq minutes avec... le R. P. Émile Legault», *Le Devoir,* XXXIX, no 255, 30 oct. 1948, p. 38, col. 4.
19. Jacques COPEAU, dans F. FAUNY-ANDERS, *op. cit,* p. 63.
20. Émile LEGAULT, dans les Cahiers des Compagnons, I, 1, sept.-oct. 1944, p. 1.
21. Émile LEGAULT, «Avons-nous un théâtre canadien?», *Conférences du club musical et littéraire de Montréal,* 1943-1944, p. 31.
22. Émile LEGAULT, «Le théâtre qu'il nous faut», dans *Amérique française,* II, 8, juin 1948, p. 34.
23. Émile LEGAULT, «À son tour le P. Legault attaque Maxwell Wray et l'organisation du festival, dans *Le Devoir,* XLI, no 78, 4 avril 1950, p. 6, col. 4.
24. Emile LEGAULT, *op. cit.,* p. 84.
25. *Ibid.,* p. 85.
26. Émile LEGAULT, *Confidences,* p. 74.
27. *Ibid.,* p. 25.
28. *Ibid.,* p. 187.
29. *Ibid.,* pp. 144. 149 et 159.
30. «Cinq minutes avec... le R. P. Émile Legault», *Le Devoir,* XXXIX, no 255, 30 oct. 1948, p. 38, col. 4.
31. Émile LEGAULT, *Confidences,* p. 84.

32. «Cinq minutes avec... le R. P. Émile Legault», *Le Devoir,* XXXIX, no 255, 30 oct. 1948, p. 38, col. 4.

33. Émile LEGAULT, *Confidences,* p. 114.

34. Émile LEGAULT, «Bilan de deux spectacles», dans les *Cahiers des Compagnons,* II, 2, avril-mai 1946, p. 4.

35. Michel BÉLAIR, *Le Nouveau Théâtre québécois,* p. 21.

36. Émile LEGAULT, *Cahiers des Compagnons,* I, 3, janv.-fév. 1945, p. 66.

37. Émile LEGAULT, *Confidences,* p. 77.

38. Émile LEGAULT, «Bilan de deux spectacles», dans les *Cahiers des Compagnons,* II, 2, avril-mai 1946, p. 7.

39. Émile LEGAULT, «Lucrèce et les Compagnons», *Le Devoir,* XXXIX, no 75, 1er avril 1948, p. 5, col. 6-7.

40. Émile LEGAULT, «Notre dramaturgie canadienne-française», *Le Devoir,* XLVI, no 260, 15 nov. 1955, p. 21, col. 5.

Chapitre IV

Le public et la critique

> On parle de renouveau drama-
> tique. On ne semble par s'aviser
> qu'il n'est possible que dans la
> mesure où l'on refera un public.
> Émile Legault.

On a beaucoup épilogué sur le rôle pédagogique de l'expérience du
père Legault et de ses Compagnons de saint Laurent. D'une part, on
acclame la solidité de cette entreprise pour ce qu'elle a légué à la scène
québécoise: «un public stable et intellectuellement formé, dont le
nombre pourrait s'évaluer à 15 000 spectateurs (ce qui ne s'était
jamais vu avant eux dans un répertoire de cette qualité) et, dans ce
public, un goût, un éveil, un intérêt non équivoques pour la chose
dramatique, un esprit critique aussi, ce qui est également esti-
mable[1]». Et, d'autre part, on s'acharne à étiqueter les visées du père
Legault comme étant «paternalistes et élitaires[2]». On a même parlé,
dans l'étude de Jack Crompton, de l'avortement de la mission socio-
culturelle de ce même homme car, dit-on, «on faisait du théâtre
populaire pour un public d'élite», du «théâtre pour le théâtre[3]».
Maigres accusations que celles-là, si l'on a en mémoire les dimensions

de l'activité itinérante des Compagnons et si l'on s'intéresse, de la même manière, à la mise en place, à cette époque, d'une infrastructure culturelle du secteur moyen de la population québécoise.

Ces jugements viennent sans doute, en grande partie, de ce que la qualité des spectacles des Compagnons a donné l'impression qu'on s'adressait à l'élite. Il fallait être un «connaisseur», disait-on, pour prendre goût aux innovations subtiles et parfois choquantes de ce nouveau théâtre. Ce n'était pourtant pas le cas. On a faussement cherché des complications où il n'y avait que simplicité. En fait, on semble confondre pédagogie avec pédantisme et didactisme. L'entreprise des Compagnons fut, en effet, de nature pédagogique puisqu'elle enseigna, à la fois aux spectateurs et à la critique, aux acteurs et aux dramaturges, ce que doit être un théâtre digne de ce nom. Mais cette aventure n'est pas essentiellement le fait d'un seul homme ni même d'un groupe d'individus qui, ayant conçu une idée, chercha à l'imposer sans se soucier des besoins de ceux à qui il s'adressa. Elle correspondait à un désir profond de s'adresser au grand public. D'ailleurs, la naissance des Compagnons, à notre sens, inaugure un nouveau chapitre dans l'histoire des publics de théâtre au Canada français. Avec plus de vingt ans de recul, nous voyons que cet organisme théâtral s'identifia à l'évolution de la société québécoise. Au même titre, la dramaturgie du nouveau théâtre québécois des deux dernières décennies n'aurait pu accéder à «une constante mise en relief des lignes de force qui se manifestent dans la vie sociale, politique et culturelle[4]» de la collectivité québécoise, si celle-ci n'avait été assez mûre pour accepter ces nouvelles conditions théâtrales.

Au reste, il faut souligner que le père Legault n'eut point de plus chère ambition, pendant ses quinze années à la scène, que de satisfaire un large public. Et, par public, il n'entendit pas seulement les gens qui s'y connaissaient, mais plutôt tous et chacun:

> Nous voulons faire du théâtre populaire. C'est la formule la plus sûre du succès. Sans le suffrage populaire, nous aurons beau plaire à une certaine élite, notre oeuvre ne sera jamais assurée[5].

Donc, il manquait encore à sa nouvelle entreprise un outil indispensable: le public. En ce sens, il est certain que l'homogénéisation des

En 1947, Georges Groulx dans le rôle de Sganarelle du *Médecin malgré lui*. Cette pièce mérita le trophée de la meilleur représentation, lors du Festival dramatique national de 1947.

couches sociales du public canadien-français et son accès au théâtre furent des valeurs hautement prioritaires, dans la conception artistique de l'animateur des Compagnons. Dès les débuts de sa carrière théâtrale, ce dernier se rendit compte de la nécessité de véhiculer une forme de théâtre en rapport avec les préoccupations profondes d'un public représentatif de ce peuple; donc, il lui importa au premier chef d'instaurer un théâtre de participation, accessible au plus grand nombre possible de spectateurs. Axé sur l'animation sociale et culturelle de la société canadienne-française, le programme d'action de ce jeune groupe d'amateurs visa à créer une psychologie vivante du théâtre et à faire revivre une tradition de théâtre populaire dans ce milieu, «c'est-à-dire théâtre d'un peuple, (car) il ne saurait [...] exister deux théâtres dont l'un pour les masses et l'autre pour les délicats[6]». Ainsi, le père Legault et ses Compagnons se firent par leur action les dénonciateurs du théâtre de clientèle, du théâtre «fermé», comme on l'entendait avant 1937.

L'affirmation d'un théâtre populaire, dans le sens le plus large du terme, supposa nécessairement l'organisation d'un public cohérent, selon une formule qui répondait à des nécessités nouvelles de «consommation» culturelle. Faisant une analyse brève, mais sûre, du phénomène sociologique du public de l'entre-deux-guerres, le père Legault se rendit compte d'abord qu'il lui fallait pratiquement restructurer la société québécoise avant même de recruter un public «participateur» et collectif du théâtre. Un théâtre populaire, selon lui, ne pouvait s'imposer ni se structurer artificiellement. Il devait naître de lui-même, dans un certain climat de liberté et d'authenticité. À ce point de vue, la problématique de la diffusion-consommation du théâtre d'art au Canada français demeura l'une des plus graves questions que le père Legault eut à résoudre. Bien entendu, il heurta un certain nombre de coutumes, d'usages et d'attitudes. Cependant, en peu de temps, on admit le bien-fondé de son entreprise. Il reste maintenant à apprécier jusqu'à quel point les Compagnons sont responsables de l'éveil de la conscience théâtrale canadienne-française et, en même temps, à voir s'ils ont vraiment su «démocratiser» l'univers théâtral dans notre milieu.

Un théâtre pour tout le monde, un théâtre populaire!... Avant la deuxième guerre mondiale, un petit nombre de Québécois auraient pu prendre cette affirmation au sérieux, car le grand public n'avait eu, jusqu'à ce moment-là, que peu ou point de contacts avec le théâtre. La scène professionnelle à Montréal et à Québec, entre 1920 et 1937, travaille en fonction des valeurs marchandes et ne s'intéresse qu'au succès commercial, pour plaire à un auditoire privilégié qui en veut pour son argent. Si l'on examine le public qui participe plus ou moins régulièrement à cette «chaîne de production», on ne peut se le représenter que comme un élément isolé de la masse; une société bourgeoise squelettique, cherchant à se distraire par des plaisirs faciles et pour qui l'art dramatique n'est autre chose qu'une évasion sur un plan inférieur. Au dire de Victor Barbeau, le reste du public «chez nous [...] peut se diviser en quatre classes: le public snob, le public cultivé, le petit public et le public étranger[7]». D'après ce critique, le public «snob» est changeant et instable; les entreprises sincères ne peuvent s'appuyer sur lui, car il oscille constamment entre les supercheries du théâtre de boulevard et un théâtre plus intellectuel, selon ce qui le tente le plus. Quant au public «cultivé», son choix est net puisque celui-ci est «trop averti pour encourager indifféremment n'importe quel spectacle[8]». Ainsi, ce genre de public réagit avec dégoût devant un théâtre bassement naturaliste et il fréquente très peu les salles. D'ailleurs, il ne forme qu'un pourcentage infime de la société québécoise. Pour ce qui est du public «étranger», il saurait également s'intéresser à des spectacles plus sophistiqués, plus littéraires, car le théâtre de boulevard lui pue au nez; il en a assez vu pour en être repu. Donc, dans les deux principales villes du Québec, on fait du théâtre non pour *le* public mais pour *un* public de petits bourgeois. Du reste, ne comptant que sur un auditoire peu nombreux, payant des prix de places élevés, la valeur marchande dicte exclusivement la valeur culturelle au Québec. Critique acerbe du théâtre bourgeois réaliste et du théâtre naturaliste, le père Legault s'en prend «au troupeau des nouveaux riches et des bourgeois[9]» qui rabaisse continuellement le niveau de la production dramatique, car il ne sait pas

> [...] manifester des exigences, pas même des désirs. (Il ne sait pas) faire lui-même sa police, imposer sa loi. Il ingurgite passivement tout ce qu'on lui offre et, de préférence, ce qui flatte ses plus bas instincts[10].

Le «petit» public, lui, applaudit des cercles d'amateurs et des troupes estudiantines dans presque toutes les villes de la province, car tous les spectacles professionnels lui sont interdits en raison même de leurs prix. Ce public ne comprend, en somme, qu'un mince cercle de quelques centaines de parents, d'amis et de paroissiens dévots, à chaque endroit. Il s'agit d'un auditoire formé sous les auspices de sociétés bénévoles et de patronages et d'un public plus affable qu'intéressé; or, il ne faut pas s'attendre à ce qu'il prenne le goût du théâtre. «Ici, dit Jan Doat, l'homme moyen ne peut lutter; il reçoit, il subit. D'abord en état d'indécision et d'amoindrissement, il s'efforce ensuite de sentir l'opinion commune et cherche tout naturellement à s'y adapter, abandonnant tout esprit critique[11].» Et, enfin, il ne faut pas oublier de mentionner le public du cinéma qui relègue, une fois de plus, le théâtre dans l'ombre. Le cinéma atteint, en principe, tout le monde et il touche spontanément ce plus grand nombre que le théâtre ne peut jamais s'attirer. Mais le fond du problème est plus sérieux que tout cela, puisqu'il s'explique surtout par le manque d'intérêt total d'un large public, qui ne vient pas au théâtre parce que cet univers ne lui appartient pas. Or, on peut dire que, jusqu'en 1937, le grand public est vraiment laissé pour compte et ne vient pas au théâtre. L'ensemble des conditions sociales pose les critères suivants: en premier lieu, le facteur économique détermine la clientèle; puis, le choix du répertoire empêche le grand public d'y venir; et, enfin, la concurrence du cinéma donne au théâtre des auditoires inadaptés.

Malgré la situation épineuse à laquelle ils doivent faire face, le père Legault et ses Compagnons entendent persuader l'homme moyen que le théâtre lui est accessible. L'animateur des Compagnons ne cache pas sa conviction sur ce sujet:

> Il m'apparaît que, dans les grandes manœuvres de redressement national, le théâtre populaire devra jouer un rôle primordial, combler une lacune dans la vie de nos gens. [...] Parce qu'il est un fait psychologique : l'homme de la rue a besoin du théâtre comme de manger. [...] Il a besoin de rire et de pleurer[12].

Le Médecin malgré lui. De gauche à droite: Renée David, Aimé Major, Jacques Létourneau, Guy Hoffman, Yves Letourneau, Gaétan Labrèche et Madeleine Lévesque dans la coulisse du théâtre de la rue de Lorimier. (Photo Ace Newsphoto.)

Mais comment cette troupe d'amateurs réussira-t-elle à sensibiliser un public dépourvu de sens théâtral et surtout un auditoire plus varié et plus nombreux, déjà séduit par la fomule du cinéma contemporain?

Le père Legault et ses disciples se voient évidemment confrontés avec un difficile problème d'éducation, de préparation du public à un théâtre esthétiquement pur et de haute satisfaction intellectuelle et artistique. Il leur faut trouver un fonds d'aspirations communes, d'idéal populaire. Il leur incombe également de faire connaître au grand public un théâtre de qualité, un théâtre de répertoire, et de trouver un terrain sur lequel toutes les classes de la société puissent se réunir pour participer ensemble au mystère dramatique, retrouvant ainsi l'ancienne conception grecque du théâtre. Il leur faut, selon les paroles de leur directeur-metteur en scène, «repenser le répertoire à la lumière des besoins réels du public: au besoin opter pour la simplicité [13]». Projet ambitieux, si l'on considère les mythes et les préjugés qu'ils doivent dissiper.

Rompant délibérément avec le répertoire bourgeois réaliste et n'abdiquant pas son culte pour l'art, le père Legault opte au début de son entreprise pour un répertoire chrétien moderne, car il constate qu'au théâtre les réelles valeurs éthiques sont compatibles avec la qualité esthétique, surtout lorsqu'il s'agit de plaire à une société dont

> [...] la formation religieuse [...] est profonde et ancienne. Cette disposition spirituelle devrait rendre le public [...] extrêmement réceptif et enthousiaste devant l'apparition d'un théâtre poétique[14].

Enthousiaste il l'est, car on a su faire appel à son imagination, à sa sensibilité et à son instinct, secrets vitaux de la psychologie collective. Dans *le Devoir* du 13 août 1937, on note qu'au moins 10 000 personnes sont venues voir les représentations de *Celle qui la porte fit s'ouvrir,* sur les parvis de l'église Saint-Laurent et de l'église Notre-Dame de Montréal. Malgré ce premier succès, auquel le père Legault ne s'attendait certainement pas, il faut toutefois se demander si les gens n'ont pas été attirés simplement par la nouveauté d'un spectacle en plein air. En fait, un critique s'interroge à ce sujet: «Le théâtre chrétien peut-il vivre chez nous? Peut-il attirer et retenir, pendant des heures, un autre public que celui des vieilles dévotes, des enfants de choeur et des fillettes de couvent [15]. »

Pour répondre à ces questions, les statistiques de l'époque sont plus éloquentes que tout commentaire. *Le Noël sur la place,* deuxième spectacle des Compagnons, attire des «centaines de figures réjouies [16]» à l'auditorium du collège de saint-Laurent, quelques jours avant Noël. Puis, il est question d'environ 65 000 spectateurs à la première représentation du *Mystère de la messe,* au congrès eucharistique qui a lieu sur les Plaines d'Abraham, à l'été 1938. «La seconde, reculée d'un jour en raison du mauvais temps, (rassemble) 125 000 spectateurs au même lieu, par un froid glacial, de onze heures du soir à une heure du matin [17]», affirme Maurice Déléglise. Et, pour ce qui est du *Jeu de Saint-Laurent du Fleuve* monté sur les terrasses du Collège de Saint-Laurent, au mois d'août de cette même année, Lucien Desbiens nous dit que ce spectacle attire «des représentants de toutes les classes de la société, à partir des chefs hiérarchiques de l'Église jusqu'à l'humble ouvrier. C'est, ajoute-t-il, vraiment comme au temps du moyen âge, une grande fête familiale chrétienne. Ce sera l'un des événements les plus importants — sinon le plus important — dont aura été témoin le Canada français [18].» Ces chiffres représentent indiscutablement le plus grand nombre de participants jamais accourus à des représentations dramatiques depuis les débuts de la Nouvelle-France. On admettra donc, sans peine, la pleine utilité d'un retour au théâtre chrétien dans la première phase de la démarche des Compagnons, car le public québécois s'identifie facilement aux thèmes religieux qui forment une bonne partie de ses connaissances. Le père Legault a misé juste; les résultats en sont la preuve. En ce premier temps, les Compagnons comptent parmi leur peuple «fidèle» des gens de toutes les couches de la société québécoise rurale et citadine, populaire et bourgeoise — et même de son élite. Léopold Houlé dira à ce sujet dans *l'Histoire du théâtre au Canada:*

> On avait cru que certains spectacles, ceux du naturalisme, ceux du cinéma, ceux de la bouffonnerie qu'on désigne à tort comme divertissements d'inspiration folklorique avaient déformé le goût du public et l'avaient détourné à tout jamais du théâtre artistique. On vient d'avoir la

101

preuve du contraire... La masse du peuple a la vertu de la résistance et sait réagir à l'occasion. Ayons confiance puisque l'esthétique du théâtre — du théâtre littéraire, du théâtre humanisant, du théâtre réaliste spiritualiste, du mot d'un artiste — a plu, et que savoir plaire, c'est gagner sa cause[19].

Ce ne sont encore là que des essais, des tâtonnements, mais déjà le peuple commence à s'assembler. On a touché le public. Bien entendu, les réticences et les oppositions se font parfois sentir. Ce genre de réaction n'est pourtant que normal et inévitable, car la nouveauté du théâtre chrétien étonne et choque encore. Cependant, elle oblige les Compagnons à ne pas se contenter de succès faciles et à travailler consciencieusement. Ces réussites permettent également à la troupe de se spécialiser dans un théâtre poétique «populaire», en plus de devenir une sorte de service social offert à la masse culturellement défavorisée. À travers ces manifestations collectives, à travers un théâtre à sa portée, le public a senti un souci de compréhension de la part des Compagnons: et lui-même a compris que la promotion de l'art, et non leur propre promotion, était le but premier de ces jeunes artisans. Après un an et demi d'existence et la présentation de cinq pièces empruntées au répertoire chrétien moderne, l'avenir sourit aux Compagnons. Ils sont bien accueillis à Montréal et en tournée; chacun de leurs spectacles attire un grand nombre de personnes et la majorité de la critique semble maintenant bienveillante à leur égard. On se rend de plus en plus à l'évidence: ce nouveau théâtre concerne tout le monde. Le chemin est tracé; il s'agit maintenant qu'il soit accessible à tous.

Durant six mois, de septembre 1938 à mars 1939, alors que le père Legault poursuit ses études en Europe, les Compagnons restent muets. À sa rentrée, le Père devra faire appel à de nouveaux disciples, ayant perdu pendant son absence quelques-uns de ses premiers Compagnons. On se remet bientôt à l'oeuvre et il est apparent que le public a la mémoire fidèle. La troupe reprend ses activités sur scène à l'été 1939, avec *La Farce du pendu dépendu* de Henri Ghéon. Fort de son expérience récente, l'animateur des Compagnons veut reprendre contact d'abord avec son public le plus éloigné et «c'est avec cette farce (qu'ils) se promènent à travers la province au cours des vacances; l'ayant donnée maintes fois, et devant des publics

Thérèse Cadorette et Guy Provost dans *La Ménagerie de verre.*

variés[20]», la troupe nouvellement reconstituée des Compagnons présente un spectacle homogène et marqué d'une rare subtilité.

Mais il faut aussi reconquérir la critique et le public montréalais. Faudra-t-il repartir à zéro? Devant un auditoire chaleureux qui avait suivi l'effort du groupe de 1937 à 1938, le Père reprend *La Farce du pendu dépendu* au mois d'octobre 1939, à l'Auditorium de Saint-Laurent. Le mois suivant, on revient avec une pièce de Ghéon: *La Fille du sultan et le bon jardinier*. Les témoignages qui surgissent de tous côtés, en cette fin d'année 1939, rassurent le père Legault sur l'influence grandissante des Compagnons dans la région montréalaise. Un critique du *Devoir* rapporte que:

> Les Compagnons rivalisent [...] avec les meilleures de nos troupes de théâtre. Cette sympathique association est d'ailleurs en train de se tailler une réputation enviable chez nos gens [...] et chacun de leurs spectacles [...] fait salle comble[21].

C'est ici qu'intervient le rôle de la critique, des journaux et de la publicité. Le bon accueil des Québécois à l'oeuvre des Compagnons pousse le Père à faire sa première incursion dans le grand théâtre classique. *Le Misanthrope* de Molière, le spectacle suivant, est une pièce de choix et elle gagne la sympathie de la presse et des auditoires. Avec cette nouvelle victoire, on atteint la somme de sept représentations. Le véritable esprit de Molière réapparaît peu à peu, d'un Molière débarrassé de la lourdeur dont la miteuse tradition collégiale l'avait chargé. En fait, le répertoire moliéresque deviendra la soupape de sûreté des Compagnons dans le futur. À l'occasion de la première du *Misanthrope*, on affirme n'avoir jamais vu ce dramaturge si bien servi chez nous:

> La présentation du *Misanthrope*, hier soir [...] marque une date non seulement dans l'histoire des Compagnons [...] mais dans les annales du théâtre chez nous. La première soirée classique chez les Compagnons [...] a été, à tous les points de vue, une manifestation artistique de haut ton. L'atelier des Compagnons [...] montre déjà qu'il est un foyer de culture singulièrement efficace [...]. (Ce) **coup de début est un coup de maître**[22].

La variété sera la clé de leur succès et, sur la lancée du *Misanthrope*, on présente en avril 1940 *Britannicus* de Racine, première tragédie montée par les Compagnons. Cette expérience frappe davantage et la critique signale cette réalisation de grande envergure. Somme toute, dira-t-on, un spectacle qui ajoute un fleuron à la couronne des Compagnons. Le grand public est sans doute gagné à l'idée d'un théâtre de répertoire, animé par une troupe stable et bien douée.

Mais le Père n'oublie pas pour autant les grands jeux dramatiques qui ont, à l'origine, assuré la réputation de la troupe et attiré un vaste peuple. On reprend *Le Mystère de la messe* au stade Molson à Montréal, en juin et juillet 1940 et, si l'on se fie aux journaux quotidiens, le tout Montréal s'y presse. L'harmonie des costumes, la perfection soutenue de la mise en scène et des jeux de lumières, l'excellente interprétation fait qu'on ne parle plus de succès mais de triomple, car «la foule a vibré, avec une ardeur inconnue[23]».

Durant la saison 1940-1941, les Compagnons jouent à l'Auditorium du Plateau cinq pièces dont trois de Ghéon: *Le Mystère de la messe, La Farce du pendu dépendu* et *Le Noël sur la place;* une de Molière: *Les Femmes savantes* et une de Racine: *Athalie.* L'accueil du public et de la critique est toujours rassurant. Dans *Le Canada,* Roger Duhamel s'exclame:

> À voir évoluer ces artistes avec une aisance et un sens de la mesure aussi rares que méritoires, on se demande plutôt si nous ne sommes pas en présence de comédiens aguerris qui connaissent fort bien leur métier et qui témoignent d'une belle culture intellectuelle[24].

L'on n'oublie pas, non plus, de rendre justice à l'homme qui alimente le renouveau dramatique au Canada français.

> La troupe des Compagnons travaille sous la direction immédiate et constante d'un des plus intelligents metteurs en scène que nous ayons à Montréal, le père Émile Legault, qui, à l'instar de quelques-uns des plus grands artistes européens, avec lesquels il a étudié, consacre toute son énergie et tous ses loisirs au rajeunissement du théâtre[25].

Ainsi s'achève la première étape de l'aventure des Compagnons et, en rétrospective, l'image qui s'en dégage reflète un climat d'effervescence, une ouverture dynamique vers un théâtre «réformateur et régénérateur d'un public neuf et vite mûri, qui participe activement (à son développement) et qui commence à s'intéresser à la discussion des idées[26]». Une atmosphère de confiance s'établit peu à peu et les Compagnons sont lancés. En ce sens, on peut même dire que la génération de la seconde guerre mondiale retrouve la signification ancienne du théâtre qui est une fête, une célébration, une communion entre les spectateurs et les acteurs. L'art dramatique remonte à sa source, reprend forme et tisse un lien affectif entre les membres de la communauté sociale québécoise. On a fait un bon pas en avant et les Compagnons savent maintenant qu'ils intéressent un public amateur du théâtre, qui continuera à supporter leur entreprise.

À partir de 1942, les Compagnons changeront d'adresse trois fois en dix ans. Après quelques mois d'une demi-retraite active, pendant laquelle ils jouent surtout à l'extérieur de Montréal, dans des auditoriums de collèges et des salles paroissiales, ils reviennent enfin vers le public de la métropole. Les Compagnons s'installent dans une salle régulière (huit cents fauteuils) au centre de la ville, sur la rue Guy entre Sherbrooke et des Pins. Ce théâtre venait d'être sensiblement modernisé par les propriétaires, les Messieurs de Saint-Sulpice: la scène avait été agrandie et pourvue d'un ingénieux système d'éclairage; un simple rideau de scène permettait de subdiviser l'espace scénique en deux parties; un jeu de rideaux sobres servait à délimiter les aires de jeux; la salle avait été redécorée avec des couleurs claires; les fenêtres étaient dissimulées sous d'épaisses tentures, pour améliorer l'acoustique et donner un cachet d'intimité au nouveau théâtre. La salle rebaptisée sera connue sous le nom de L'Ermitage.

Pendant qu'on met la dernière main à toutes ces transformations, le père Legault et ses disciples préparent le spectacle inaugural de leur nouvelle demeure. On admire sans réserve la présentation du *Noé* d'André Obey. En fait, la presse entière en fait l'éloge. Le plus haut compliment vient de *La Patrie:*

> Les Compagnons [...] ont bien débuté, à l'Ermitage, salle idéale pour le théâtre artistique et chrétien. Ce sera une sorte de Vieux-Colombier montréalais, si le public le veut bien[27].

Déjà on commence à comparer l'oeuvre du père Legault à la crème des théâtres d'art français. Ce n'est pas un petit compliment et ce sera une réputation que la troupe entière devra défendre et soutenir au fil des années. Ce tour de force n'est qu'une des surprises que celle-ci

106

Jean Coutu et Thérèse Cadorette dans *Antigone* (mai 1946).

réserve à ses auditoires de l'Ermitage où elle jouera pendant trois saisons. Parmi les réalisations les plus appréciées, on signale *L'Échange* et *L'Annonce faite à Marie* de Claude, montées en mars et décembre 1942 avec le concours sans pareil de Ludmilla Pittoëff; *Le Jeu de Robin et Marion,* présenté en octobre 1942 et repris en janvier 1943, par lequel Gustave Cohen communique au public québécois son enthousiasme et son ardeur pour le théâtre du moyen âge; *Le Chant du berceau,* de Martinez Sierra, joué en janvier et mars 1944, qui «se propose comme l'une des meilleures réussites des Compagnons [...] depuis quelques années[28]»; puis, au mois de février de cette même année, «les foules (acclament)...[29]» *Le Barbier de Séville* de Beaumarchais, au point que, certains soirs, il faut faire la queue pour obtenir un billet. La dernière saison à L'Ermitage débute avec le succès bruyant des *Fourberies de Scapin* et la double affiche d'*Orphée* et *Oedipe-Roi* le mois suivant, dont le «jeu des interprètes accuse un renouvellement progressif[30]», et captive l'assistance qui voit du Cocteau pour la première fois. Malheureusement, le *Sanctus* de Félix Leclerc, interprété en février 1943, n'obtient pas le retentissement espéré: on ne lui réserve qu'un succès d'estime.

Chaque saison semble marquer une amélioration du tout au tout sur la précédente, tant au point de vue du répertoire (qui s'élargit considérablement) que de l'interprétation des comédiens. Comme on peut le constater, le public est prêt à accueillir des spectacles plus sophistiqués et l'on s'éloigne petit à petit du répertoire ghéonesque. L'ensemble du public de L'Ermitage, dans la mesure où on peut en identifier les différentes parties, est formé de plusieurs éléments. D'une part, il accueille la classe des ouvriers et ouvrières — membres de la Jeunesse ouvrière catholique qui se souviennent du jeune prêtre qui avait mis de la «vie» dans leur coin quelques années auparavant — incluant des jeunes travailleurs, «des midinettes, des secrétaires et des dactylos[31]»; il compte aussi des collégiens et des jeunes universitaires «qui se retrouvent les coudes serrés pour applaudir Beaumarchais et Cocteau, Claudel et Obey, Molière et Ghéon[32]». D'autre part, il est constitué d'adultes appartenant à la classe moyenne, d'étrangers séjournant au pays et de l'élite intellectuelle qui «vient parfois texte en main [33]». Et, bien entendu, il y a toujours les curieux qui viennent voir les Compagnons pour la première fois. Quand on songe, devant ces saisons bien remplies, que les Compagnons sont pour la plupart des jeunes encore aux études, obligés par conséquent de se donner à leur art dans leurs moments libres, il est difficile d'imaginer comment ils ont pu réussir à présenter des spectacles d'une telle qualité.

On ne s'arrête pas là car, chaque été, «des milliers d'amateurs attendent [34]» les grands «jeux populaires» dont la tradition a été inaugurée avec *Le Mystère de la messe,* à Québec et au stade Molson. Après quoi, on se met en route vers les plus petites villes et les villages de la province. Avec quelques sous dans leurs poches, avec une voiture et une roulotte, les Compagnons entreprennent un programme d'été; en fait, chez les Compagnons on travaille à temps et à contre-temps, trois cents jours par année, car on est d'avis que le théâtre est pour tout le monde. Et on continuera à trimballer ce «théâtre ambulant» à travers la province, pendant les vacances, jusqu'à la dispersion des Compagnons en 1952, c'est-à-dire pendant dix ans. En province, on joue principalement pour le secteur «agricole» de la société, pour la classe des ouvriers et des «petits marchands» et, bien entendu, pour tous les jeunes auxquels le père Legault s'intéresse particulièrement. Il encourage même ces derniers à former de petits groupes d'amateurs pouvant réaliser des spectacles, chacun dans son «coin». Le Père attend la saison des tournées avec impatience:

> Nous y donnerons la comédie à l'intention de l'élite cultivée, mais nous n'oublierons pas, pour autant, le bon peuple de nos paroisses. C'est pour lui aussi, pour lui surtout peut-être, que nous travaillons: il nous réserve de comblantes joies, parce qu'il a des chances d'être vrai, spontané, non empêtré de faux esthétisme. Nous continuerons de jouer pour nos amis des petits centres ruraux [35].

Ce public a, selon lui, un plus grand sens de l'appréciation, car il n'est pas «gâté» comme celui de Montréal.

En octobre 1944, le père Legault met à exécution un projet auquel il songe depuis longtemps: une publication théâtrale, un journal de bord de l'entreprise des Compagnons. Un communiqué de la centrale des Compagnons, dans *le Devoir* annonce:

> Les Compagnons de saint Laurent communiquent une bonne nouvelle à leurs amis et à tous les amateurs de la chose dramatique: au cours d'octobre paraîtra le premier numéro des *Cahiers des Compagnons* [...]. Les Compagnons estiment venue l'heure de fixer sur papier leur doctrine, leurs expériences; d'orienter les amateurs du théâtre, d'alimenter progressivement le répertoire, de fournir aux jeunes une technique du comédien, de la mise en scène, etc.

> Les *Cahiers* contiendront donc des articles théoriques sur l'essence du théâtre, la mystique du comédien, des indications techniques, des textes dramatiques, etc.[36].

Les Compagnons entendent ainsi s'exprimer et entrer en contact avec leur public. Ils veulent que ce bulletin de travail soit une extension de leur oeuvre sur scène et se proposent de favoriser «l'élaboration d'une orchestique canadienne». Faute de temps, d'argent et d'une orientation suffisamment précise, peut-être aussi parce que cette publication nourrit des ambitions trop vastes, les *Cahiers* cessent de paraître deux ans après leur fondation. Cet outil de propagande a néanmoins permis au public d'assimiler les conceptions théâtrales des Compagnons et de leur maître; pour cette seule raison, il revêt une importance singulière en ce qu'il contribue «énormément à cette oeuvre d'éducation théâtrale dont nous avons tant besoin[37]».

Pendant les trois saisons suivantes, soit de 1945 à 1948, les Compagnons s'installent dans la salle de Gesù. On passe donc de L'Ermitage au Gesù, dont le plateau est plus vaste. Rien ne change, à première vue, si ce n'est le local qui, situé entre l'ouest et l'est de la métropole, est plus facile d'accès pour les spectateurs. La continuité de l'oeuvre est soulignée par le mouvement accéléré de cette nouvelle saison: on jouera six pièces de novembre 1945 à juin 1946. Le spectacle d'ouverture, *On ne badine pas avec l'Amour* d'Alfred de Musset, dans une mise en scène du père Legault et dans des costumes et des décors d'André Jasmin, «a le don de diviser la critique dramatique de Montréal. [...] Le débat ne porte pas sur la valeur proprement dramatique de l'oeuvre, mais sur la conception scénique qu'on peut en avoir[38]». On accuse les Compagnons d'avoir commis une faute de goût, en faisant appel au grotesque là où le comique fin aurait suffi. Par ailleurs, on émet l'opinion que le père Legault donne

110

l'impression d'avoir peur que, sans la surcharge comique, la pièce ne manque de mordant. Après ce départ hésitant, les Compagnons, prudemment, reprennent une pièce qui leur a valu un bon succès à L'Ermitage en février 1942. Le *Noé* d'André Obey, beaucoup plus à point que l'oeuvre de Musset, leur mérite à nouveau les félicitations de la presse et les six représentations qu'on en donne remplissent la salle à chaque soir. Puis, on fait l'essai d'un autre auteur romantique, au mois de décembre, avec *Le Jeu de l'amour et du hasard* de Marivaux et l'on clôture cette première partie de l'année avec une reprise du *Noël sur la place*.

On reprend ensuite son souffle jusqu'en mars 1946, alors qu'on se remet au travail avec *Le Bal des voleurs* qui, sans doute, «est la plus brillante réalisation des Compagnons à ce jour[39]». La pièce suivante, *La Nuit des rois* de Shakespeare, reprise huit fois fin mars et début d'avril 1946, est déroutante pour le spectateur qui semble perdre intérêt dans l'oeuvre, trop occupé qu'il est par les décors et les costumes de Pellan. La saison se termine cependant sur une note optimiste avec *Antigone* d'Anouilh que la critique, française comme anglaise, de Montréal loue hautement.

Tout compte fait, la presse sera unanime sur un point: «Jamais nous n'avons eu à Montréal une aussi brillante saison théâtrale[40].» Donc, en général, l'impression sur le public reste bonne puisque les Compagnons ont joué pendant douze semaines sans arrêt. Ces jeunes comédiens s'affirment sans cesse dans leur art; l'indication la plus sûre est la réaction du public montréalais qui, pour une deuxième année consécutive, réserve plus de billets de saison que prévu.

Au cours des deux saisons suivantes, le directeur des Compagnons se promet d'établir un rythme de représentations plus humain, mieux synchronisé. Mais, comme toujours, ses promesses ne tiennent bon que jusqu'au moment où il se met à élaborer de nouveaux projets. Par exemple, à l'automne 1947, il propose d'instaurer une saison plus ou moins régulière à Québec et à Ottawa. La réalisation de ces spectacles suppose un travail considérable et le Père ne cesse de diriger et de tout surveiller lui-même.

De Molière à Giraudoux et à Lorca, il y a évidemment un décalage immense. Comment le père Legault a-t-il pu franchir cet écart en dix-huit mois? On ne laisse pas de témoigner quelque surprise lorsqu'on le voit mettre en scène, en octobre 1946, *Les Romanesques* d'Edmond Rostand. Toutefois, on loue l'effort des Compagnons qui ont transformé un texte plus ou moins banal en une fantaisie alerte et audacieuse. Le 30 novembre de la même année, création du *Médecin malgré lui* et des *Précieuses ridicules,* que l'on reprend au cours d'une tournée en Nouvelle-Angleterre, où les Compagnons font sensation. On joue *Les Fourberies de Scapin* et *Les Précieuses ridicules* également à l'occasion du premier festival d'art dramatique tenu à London, Ontario, en mai 1947. Remportant le trophée Bessborough, les Compagnons voient leur prestige s'étendre à travers le Canada tout entier. Jean Hamelin n'hésite pas à écrire:

> Ce qui est plus important [...] que prix et trophées, c'est l'impression profonde causée par les Compagnons sur les troupes et le public de langue anglaise qui les voient à l'oeuvre pour la première fois. [...] Les Compagnons sont classés d'emblée comme le groupe théâtral le plus important du Canada tout entier et, en dépit de certains échecs, ils vont conserver cette position privilégiée jusqu'à leur disparition définitive, cinq ans plus tard[41].

Le tableau de ces deux saisons comporte cependant quelques faiblesses. Le public regrette les demi-échecs d'*Andromaque,* de *L'Apollon de Bellac* et du *Viol de Lucrère;* ce dernier titre soulève, de plus, une véritable controverse: Monseigneur Vachon, archevêque d'Ottawa, demande de ne pas présenter l'oeuvre dans sa ville, à cause du tapage provoqué dans un hebdomadaire montréalais par une polémique au sujet de la soi-disant immoralité du spectacle. Le temps est passé où les Compagnons peuvent compter sur la sympathie pré-acquise du public. Ils passent au rang d'une troupe semi-professionnelle et l'on attend d'eux des spectacles presque irréprochables. La presse se montrera sévère envers eux lorsqu'ils mettront à l'affiche, en février 1948, une soirée de *Variétés dramatiques* composée de jeux dramatiques de Chancerel, de Jacques Tournier et de Jean-Pierre Grenier. Jean Vincent dira dans *le Devoir:*

> Au théâtre, il faut, pour que le public soit satisfait, une pièce maîtresse qui procure au spectateur du rire ou de l'émotion et qui lui laisse une

impression profonde sur laquelle il méditera en rentrant chez lui [...].

Or, les *Variétés dramatiques,* que présentent actuellement les Compagnons, pèchent à la fois par le manque d'un morceau principal et par l'absence de cohésion et de caractère du spectacle tout entier[42].

Il est difficile de jouer dix ans à la scène sans soulever la moindre opposition; le père Legault aurait été le premier à reconnaître l'inefficacité et la stérilité de la critique, si celle-ci n'avait jamais attaqué certaines des pièces présentées par les Compagnons. Avec *Léocadia* et *Antigone, Les Gueux au paradis* de G.-M. Martens et *La Savetière prodigieuse* de Lorca, les Compagnons raffermissent toutefois leur position «auprès d'un public de plus en plus nombreux et de plus en plus gagné à l'idée d'un théâtre renouvelé par la poésie[43]».

Cette période est sans doute l'étape la plus active et la plus fertile des Compagnons de saint Laurent. L'art dramatique s'affirme chaque année avec plus de vigueur et la critique prend son métier au sérieux. Les Compagnons servent bien leur public qui grandit sans cesse car, dans leur programme de renouvellement, ils tendent vers un mouvement de «décentralisation» du théâtre. Déjà, ils préfiguraient la décentralisation telle qu'elle s'affirme maintenant au Québec. D'un strict point de vue d'efficacité, la troupe cherche un fonctionnement optimum, durant le laps de temps où ses représentations peuvent attirer un nombre élevé de spectateurs, c'est-à-dire pendant la saison régulière. Elle suscite l'intérêt des jeunes groupes d'amateurs, en dehors des grands centres. Elle investit son temps et ses efforts dans une occupation multidimensionnelle. Le théâtre devient ainsi «populaire» par son public et son répertoire. «Le plus comblant de l'affaire, écrira-t-on, c'est de constater combien le public amateur du théâtre est désormais averti de ce qu'on pourra appeler l'essence de la scène[44].» À partir de ces constats, il faut reconnaître que les Compagnons atteignent de plus en plus leur but, dans le mise en place d'une infrastructure culturelle du secteur semi-public québécois. En fait, leur influence déborde dans les classes populaires. Cette activité intense leur vaut également une réputation non seulement nationale mais nord-américaine. On a certainement fait beaucoup de chemin depuis les débuts.

114

Au cours d'une répétition des *Fourberies de Scapin.*

Le rapide développement des Compagnons les oblige à se trouver un pied-à-terre permanent. Au printemps de 1948, ils achètent l'église anglicane St. Thomas, à l'angle des rues de Lorimier et Sherbrooke. On s'installe dans le presbytère, qui devient la nouvelle centrale. L'église servira d'école d'art dramatique et de salle de théâtre. En quatre saisons, la troupe entreprendra quinze spectacles. Paradoxalement, l'avenir des Compagnons est en train de s'assombrir.

Mise à part *La Ménagerie de verre* de Tennessee Williams, qui «fait bonne carrière et lance de façon prometteuse la nouvelle salle[45]», la première saison s'avère décevante et faible. Il semble manquer aux Compagnons cette énergie, cet entrain qui les caractérisaient si bien autrefois. Cette atonie semble s'infiltrer peu à peu parmi eux; en effet, on ne voit plus très bien où va la troupe en 1948-1949. Certains critiques dramatiques sont même d'avis que les Compagnons courent à leur ruine et «quelques journaux leur (font) déjà des oraisons funèbres[46]». Le public ne les déserte pas, mais il est confus et déçu. Avec les départs continuels d'anciens Compagnons, l'équipe s'affaiblit visiblement et le Père se voit obligé de puiser en dehors de ses cadres. L'école, en fonction depuis un an seulement, ne peut fournir les talents nécessaires à la scène semi-professionnelle.

Pour la saison 1949-1950, on alterne prudemment entre le théâtre classique, qui a fait la force des Compagnons, et le drame moderne. L'un des plus grands succès des Compagnons sera *Le Malade imaginaire* de Molière. La presse s'empresse de s'écrier: «Les Compagnons sont ressuscités. La troupe est sortie de sa léthargie. Molière, ce grand magicien, a permis ce miracle. Ils ont fait un succès complet... du *Malade imaginaire*. La critique est unanime[47].» Plus de deux mille personnes viennent voir cette pièce, en deux jours, et on admet que les Compagnons sont plus vivants que jamais. Coup sur coup, ils se méritent les louanges de la presse et de leur public revigoré avec *Le Chant du berceau,* la difficile mise en scène du *Meurtre dans la cathédrale* par Robert Speaight, *Les Gueux au paradis,* dont «l'interprétation (est) presque parfaite[48]», et *Roméo et Juliette,* de Shakespeare qui «atteint [...] les sommets artistiques qui leur ont valu une renommée nationale et même ultra-nationale[49]». Malgré ce qui semble un succès sans pareil aux guichets, car on donne maintenant une quinzaine de représentations pour chaque pièce, les problèmes gestionnaires s'accroissent. La campagne de souscription, lancée en 1948, n'atteint pas le but fixé et, comme on le sait, les subventions se font rares. Les Compagnons devront donc se contenter de peu pour subsister. Mais on persiste tant bien que mal à travailler dans ces conditions pénibles. À l'été de 1950, ils retournent au vieux patelin de Saint-Laurent avec *La Passion de Notre-Seigneur* du père André Legault, c.s.c., et les témoignages sont en accord complet: «Le spectacle est une entière et magistrale réussite. On ne tarit pas d'éloges sur la beauté des décors, la magie des éclairages, le fini de l'interprétation [...]. Les gens de toutes les classes viennent communier de pensée et de coeur devant le drame de la vie et de la mort du Fils de l'Homme. Même les plus réfractaires [...] sont touchés[50].» Le père Legault n'hésite donc pas à reprendre ce (spectacle) au Théâtre des Compagnons, à la fin d'août et au début de septembre. On avait prédit que ce serait un casse-gueule!

En octobre 1950, les Compagnons mettent à l'affiche *Le Voyage de monsieur Perrichon* d'Eugène Labiche. Cette comédie vaudevillesque conquiert littéralement les auditoires. Les Compagnons ont retrouvé leur forme des beaux jours. Ce qui est plus important, c'est que la presse est au diapason du public. Pour le deuxième spectacle de la saison 1950-1951, la troupe aborde avec une certaine appréhension *La Première Légion* d'Emmett Lavery; toutefois, au lendemain de la première, elle est rassurée par l'accueil ardent du public et de la critique. *Le Devoir* publie les appréciations de plusieurs journaux:

La Presse:	Une pièce fort sérieuse et remarquablement bien jouée.
The Montreal Herald:	Une magnifique distribution qui fait honneur à la pièce de Lavery.
La Patrie:	Avec *La Première légion,* les Compagnons sont revenus à leur plus haut niveau théâtral.
The Standard:	Voilà une entreprise dramatique formidable.
Notre temps:	Les Compagnons donnent, à notre avis, la meilleure interprétation de leur carrière.
Le Canada:	*La Première Légion* sera probablement le meilleur spectacle de l'année des Compagnons[51].

Et ainsi va le reste de la saison: le ton burlesque des *Gueux au paradis* enchante l'auditoire; puis, la troupe accomplit un travail remarquable avec *La Locandiera* de Goldoni. *Notre petite ville de* Thornton Wilder fait dire à Maurice Blain: «Cette indistincte mêlée, cette sorte d'égalité inconsciente de l'homme dans la vie et dans la mort: tel était le climat dramatique. Le spectacle [...] se situe dans l'épaisseur du réel. [...] Tous les interprètes se sont efforcés vers la discrétion, la banalité, la ressemblance. [...] Jamais peut-être des comédiens ne se sont sentis plus égaux[52]»; et enfin, *Le Bal des voleurs* clôt la saison sur une note très enthousiaste.

Les Compagnons sont à l'apogée de leur carrière, mais leur quinzième année sera leur dernière. Cette équipe, qui se situe à mi-chemin entre le théâtre professionnel et le théâtre amateur, ne peut exister plus longtemps sans un appui financier de l'extérieur. Malgré leur ingéniosité, les Compagnons ne pourront rivaliser avec leur nouveau concurrent, le Théâtre du Nouveau Monde:

> Les Compagnons ne sont pas de taille et ils luttent à armes inégales contre ces nouveaux rivaux qui viennent de débuter au Gesù et rassemblent vite autour d'eux la crème des comédiens de Montréal, dont plusieurs sont d'anciens Compagnons[53].

Malgré tout, en cette dernière saison, on semble reprendre courage. Les Compagnons donneront à ce moment-là quelques-uns de leurs meilleurs spectacles. *Henri IV* de Pirandello obtient un succès extraordinaire «dont on gardera la mémoire longtemps, si longtemps même qu'on ne l'aura pas encore oublié, lorsque le Théâtre national populaire de Jean Vilar viendra donner la pièce à Montréal, sept ans plus tard[54]». En novembre, Georges Groulx met en scène *Les Fourberies de Scapin* et y tient le rôle titre. Ce n'est pas encore du Molière «à la *rock*», mais l'interprétation moderne et pleine de vie, qui échappe totalement à la libre improvisation de la commedia dell'arte, «respire, danse et s'exprime avec une parfaite liberté[55]». L'expérience est une réussite à tous égards et on ajoutera quelques représentations supplémentaires pour permettre aux retardataires de voir cette pièce.

Les Noces de sang, la tragédie moderne de Lorca montée en janvier 1952, sont un échec à peu près complet: le verdict de l'homme de la

118

salle et de la critique est rendu avant même le troisième acte. La troupe de plus en plus disparate des Compagnons pourra-t-elle durer jusqu'en fin de saison? se demande-t-on. Avec une vitalité étonnante, les Compagnons reviennent à la charge, un mois plus tard, avec le *Fédérigo* de René Laporte, dirigé par Jean Coutu. «L'exceptionnelle réussite du *Fédérigo* de Jean Coutu, dira Maurice Blain, c'est celle du spectacle *versus* la pièce elle-même. Le metteur en scène lui a communiqué un mouvement dramatique, une chaleur humaine [...] que ne révèle pas l'oeuvre écrite. [...] Dans cette affabulation, il a réussi à concilier l'ardeur et la maturité du travail artistique[56].» La critique tout entière recommande ce spectacle au public et la pièce tient l'affiche pendant trois semaines. Pressentant la fin prochaine, le Père rend ensuite hommage à son vieil ami Henri Ghéon pour l'avant-dernière fois avec *Le Comédien et la Grâce,* qui lui avait valu un bon succès à l'Ermitage en 1943. Il est ironique que la dernière pièce jouée au Théâtre des Compagnons soit la première mondiale de *L'Honneur de Dieu,* confiée au directeur des Compagnons par l'auteur lui-même. Les Compagnons quittent la scène de façon honorable puisque leur interprétation n'est rien moins que brillante. Ils «ont donné le meilleur de leur ferveur et de leur effort, sinon de la perfection dramatique, pour faire de la pièce une grande tragédie[57]». Avec une troupe complètement exténuée, les Compagnons se sont distingués, en leur dernière saison, à l'avant-garde d'un théâtre de contradiction. Ils ont enrichi leur répertoire de Pirandello, de Lorca et d'Emmanuel. Et disant adieu à leur peuple «fidèle», ils montent nostalgiquement *Le Mystère de la messe,* à Mont-Laurier, pour le congrès eucharistique. À la fin d'août 1952, les Compagnons ne sont plus. Une mauvaise administration financière, des faiblesses au point de vue artistique et le démembrement continu de la troupe causent la mort des Compagnons de saint Laurent.

On voit donc très clairement qu'il y eut dans le travail des Compagnons une ligne d'orientation précise et un souci d'aller toujours plus loin; et c'est d'ailleurs ce que nous avons tenté d'illustrer en mettant en évidence les points saillants et les principales lignes de force de la démarche de cette troupe. À leurs débuts, les Compagnons ne présentaient une pièce que trois ou quatre fois.

Quelques années plus tard, un spectacle tenait l'affiche pendant au moins une semaine complète et, souvent, quelques représentations supplémentaires étaient ajoutées au programme. En 1948, ils atteignirent les quinze représentations et, en 1949, *Briser la statue* de Gilbert Cesbron fut joué vingt fois. Puis, en 1952, on donna *Fédérigo* vingt-neuf fois. En résumé, quinze ans de travail ardu, cent dix pièces jouées (de plus de quarante auteurs différents), environ sept cents représentations, près d'un demi-million de spectateurs. Sans compter les centaines de spectacles présentés en tournées, chaque été, ainsi que les pièces mises en scène pour la jeunesse montréalaise et les tournées américaines. Bilan extraordinaire si l'on connaît la situation théâtrale avant 1937.

Face aux dernières réalisations dites «populaires» du nouveau théâtre québécois, l'oeuvre du père Legault et des Compagnons de saint Laurent s'inscrit comme la première tendance exprimée dans la courbe montante de la démocratisation du théâtre au Québec. Le théâtre populaire de cette troupe n'est sans doute pas un théâtre révolutionnaire «piscatorien» ni «brechtien», mais il peut être considéré, dans une certaine mesure, comme un théâtre de revendication culturelle en ce qu'il a éveillé un sentiment national dans le milieu québécois. À ce titre, les Compagnons furent les premiers à avoir trouvé une réponse au problème de l'accessibilité du théâtre chez nous. Pour le père Legault, il fut toujours d'une importance primordiale que le théâtre fût incorporé à la vie des Québécois, qu'il ne fût pas considéré comme un objet de luxe. En instaurant un théâtre compréhensible à tous les niveaux de la société et en transportant son oeuvre partout dans la province et même à l'extérieur, le père Legault aura contribué, plus que quiconque de sa génération, à l'avènement d'une production théâtrale et d'une dramaturgie proprement québécoises, en plus de léguer au monde du théâtre un public un peu mieux formé et une critique plus avertie.

1. Jean HAMELIN, *Le Renouveau du théâtre au Canada français*, p. 62.

2. Michel BÉLAIR, *Le Nouveau Théâtre québécois*, p. 24.

3. Jack CROMPTON, «Le Théâtre qu'ossa donne», dans *NORD*, pp. 178 et 185.

4. Michel BÉLAIR, *op. cit.*, p. 23.

5. «Le R. P. Émile Legault, c.s.c., chez les retraitants», *Le Devoir*, XXXIII, no 264, 12 nov. 1942, p. 7, col. 2.

6. Émile LEGAULT, «Théâtre populaire dans *L'Action nationale*, 6e année, XI, juin 1938, p. 515.

7. *Cahiers de Turc*, II, 2e série, 1er nov. 1926, p. 43.

8. *Ibidem*.

9. Émile LEGAULT, *Conférences du club musical et littéraire de Montréal*, 1942-1943, pp. 84-85.

10. Émile LEGAULT, *Cahiers des Compagnons*, I, 5-6, mai-août 1945, p.172.

11. Jan DOAT, *Théâtre, portes ouvertes*, le Cercle du Livre de France, Montréal, 1970, p. 67.

12. Émile LEGAULT, «Théâtre populaire», *L'Action nationale*, 6e année, tome XI, juin 1938, p. 154.

13. Émile LEGAULT, «Père Legault: la véritable crise se situe au niveau des comédiens», *le Devoir*, L, no 291, 12 déc. 1959, p. 10, col. 3.

14. Pierre DALTOUR,«À L'Ermitage...», dans les *Cahiers des Compagnons*, I, 2 nov.-déc. 1937, pp. 49-50.

15. Lucien DESBIENS, «Le Noël sur la place», *le Devoir*, XXXVIII, no 294, 22 déc. 1937, p. 12, col. 4.

16. *Ibidem*.

17. Maurice DÉLÉGLISE, *Le Théâtre de Henri Ghéon*, p. 267.

18. «Après Ghéon?» *Le Devoir*, XXIX, no 183, 9 août 1938, p. 3, col. 2.

19. Cité dans les *Cahiers des Compagnons*, II, 2, avril-mai 1946, p. 32.

20. «A Saint-Laurent ce soir», *Le Devoir*, XXX, no 237, 10 oct. 1939, p. 4, col. 2.

21. Jeanne-M. DESBIENS, «La Fille du sultan», *Le Devoir*, XXX, no 263, 10 nov. 1939, p. 7, col. 4.

22. Lucien DESBIENS, «Le Misanthrope», *Le Devoir*, XXX, no 284, 5 déc. 1939, p. 2, col. 4.

23. Lucien DESBIENS, «Le Mystère de la messe», *Le Devoir*, XXXI, no 154, 4 juill. 1940, p. 4, col. 4.

24. ANONYME, «Molière au Plateau», dans *Le Devoir*, XXXI, no 287, 10 déc. 1940, p. 4, col. 4.

25. «*Britannicus* à Saint-Laurent», *Le Devoir*, XXXI, no 58, 9 mars 1940, p. 4, col. 4.

26. Jean HAMELIN, *Le Renouveau du théâtre au Canada français*, p. 14.

27. «Ce soir, dernière de *Noé*», dans *Le Devoir*, XXXIII, no 34, 12 fév. 1942, p. 4, col. 3.

28. «*Le Chant du berceau* à l'Ermitage», *Le Devoir*, XXXV, no 9, 13 janv. 1944, p. 4, col. 3.

29. «Succès inédit du *Barbier de Séville* chez les Compagnons», *Le Devoir*, XXXV, no 57, 9 mars 1944, p. 4, col. 4.

30. «Deux pièces de Cocteau à L'Ermitage», *Le Devoir*, XXXV, no 263, 15 nov. 1944, p. 4, col. 3.

31. Émile LEGAULT, *entrevue* sur bande magnétique, 1971.

32. Jean HAMELIN, *op. cit.*, p. 12.

33. Émile LEGAULT, *entrevue* sur bande magnétique.

34. «Le Jeu de Saint-Laurent», *Le Devoir*, XXXIII, no 148, 22 juin 1942, p. 4, col. 5.

35. Émile LEGAULT, «Perspectives sur les Compagnons», dans *Relations*, Ve année, no 58, oct. 1945, p. 273.

36. «*Les Cahiers des Compagnons*, Bulletin d'art dramatique», *Le Devoir*, XXXV, no 227, 2 oct. 1944, p. 4. col. 4.

37. «Notre oeuvre appréciée...», dans les *Cahiers des Compagnons*, 1, 2, nov-déc. 1944, p. 47.

38. André LANGEVIN, «Le rive et l'émotion chez Alfred de Musset», *Le Devoir*, XXXVI, no 257, 9 nov. 1945, p. 4, col. 3.

39. André LANGEVIN, «*Le Bal des Voleurs* de Jean Anouilh», *Le Devoir*, XXXVII, no 56, 8 mars 1946, p. 4, col. 3.

40. *Ibidem.*

41. Jean HAMELIN, *op. cit.*, p. 26.

42. Jean VINCENT, «Le spectacle des Compagnons», *Le Devoir*, XXXIX, no 25, 2 fév. 1948, p. 9, col. 5.

43. Jean HAMELIN, *op. cit.*, p. 23.

44. «Les Compagnons triomphent à Québec», *Le Devoir*, XXXIX, no 20, 27 janv. 1948, p. 5, col. 6.

45. Jean HAMELIN, *op. cit.*, p. 53.

46. Michel AUBIN, «Compagnons: vrai ou faux?», *Le Devoir*, XXXIX, 29 déc. 1948, p. 4, col. 1.

47. «*Le Malade imaginaire* en 2e semaine chez les Compagnons», *Le Devoir*, XL, no 280, 1er déc. 1949, p. 6, col. 1.

48. «*Le Malade inaginaire* en 2e semaine chez les Compagnons», *Le Devoir*, XL, no 280, 1er déc. 1949, p. 6, col. 1.

49. Jean VINCENT, «Roméo et Juliette», *Le Devoir*, XLI, no 96, 26 avril 1950, p. 6, col. 4.

50. «Tout le monde pourra voir *La Passion* à Saint-Laurent», *Le Devoir*, XLI, no 207, 8 sept. 1950, p. 6, col. 3.

51. «*La Première Légion* à la scène jusqu'au 19», *Le Devoir*, XII, no 261, 11 nov. 1950, p. 6, col. 3.

52. Maurice BLAIN, «*Notre petite ville* de Thornton Wilder», *Le Devoir*, XLII, no 48, 27 fév. 1951, p. 6, col. 3.

53. Jean HAMELIN, *op. cit.*, p. 59.

54. *Ibidem.*

55. Maurice BLAIN, «*Les Fourberies* avec Georges Groulx», *Le Devoir*, XLII, no 265, 14 nov. 1951, p. 6, col. 2.

56. Maurice BLAIN, «Jean Coutu — *Fédérigo* en quête d'auteur», *Le Devoir*, XLIII, no 43, 20 fév. 1952, p. 6, col. 2-3.

57. Maurice BLAIN, «*L'Honneur de Dieu* de Pierre Emmanuel», *Le Devoir*, XLIII, no 96, 23 avril 1952, p. 6, col. 2.

Conclusion

Notre pays est à l'âge des
premiers jours du monde.
                    Anne Hébert.

Il faut bien se rendre à l'évidence: on ne peut pas faire abstraction
de la présence du père Legault et des Compagnons de saint Laurent
dans le panorama québécois du théâtre contemporain. Leur mouvement quasi révolutionnaire, par la forme qu'il s'est donnée, par
l'action concrète à laquelle il s'est engagé et par le caractère global de
ses principales manifestations, doit être vu comme le premier courant
majeur pour l'articulation d'une tradition dramatique authenti-
quement «canadienne-française», ou québécoise si l'on préfère.
Posant ainsi les bases d'un renouveau dramatique dans notre milieu
et imposant le «théâtre avec un T majuscule sur nos scènes[1]», le
fondateur-animateur des Compagnons mérite d'être reconnu, selon
Jean-Claude Germain, comme «l'accoucheur du théâtre québécois[2]»
des vingt-cinq dernières années. À ce titre, il faut également souligner
que le père Legault est largement responsable de l'effervescence et de
l'activité théâtrale actuelles au Québec, pour avoir régénéré l'art
dramatique chez nous en lui redonnant le goût de la vie et de la
liberté. En fait, il est indéniable que, depuis cet effort de renouvellement, l'art théâtral autochtone laisse paraître sa vraie nature,

125

qu'on n'avait jamais su lui faire acquérir avant l'époque des Compagnons.

La naissance des Compagnons de saint Laurent tient, en effet, une place prépondérante dans l'évolution du théâtre au Québec. Remplaçant des conventions boiteuses, périmées et repliées sur elles-mêmes, par un théâtre d'art poétique, dramatique, humain et populaire, le père Legault et sa troupe furent les premiers à donner une orientation précise à la scène québécoise. On se rend compte maintenant de l'impact de cette tentative de réforme initiale: elle restitua la scène québécoise aux Québécois. De plus, à partir de cette expérience, «le théâtre québécois se définit désormais comme une réalité mouvante, vivante, ajustant constamment ses antennes, cherchant [...] moins à devancer la société qu'à trouver un point d'accord avec son inconscient collectif[3]». Cette nouvelle approche correspond de façon réaliste à la situation politico-sociale du temps de l'après-guerre et, même dans son contexte non radical, la démarche des Compagnons trouve son originalité en ce qu'elle vise à la récupération de l'identité culturelle québécoise.

En plus, c'est bien dû au père Legault si le théâtre connaît, en ce premier temps de renouveau dramatique, une période très riche en réalisations et en découvertes artistiques. Tout d'abord, le directeur des Compagnons développe une atmosphère favorable à l'épanouissement futur de la dramaturgie québécoise, en rétablissant un art honnête, en témoignant un plus grand respect à l'oeuvre écrite et en encourageant la collaboration entre nos écrivains et nos gens de théâtre. Par tout ce qu'il fait et par ce qu'il est, pourrait-on dire, il contribue à la réhabilitation du métier de comédien et à la formation de deux générations d'acteurs québécois. Au cabotinage et au phénomène de la «vedette», il substitue une troupe homogène et désintéressée où domine l'esprit d'équipe, l'estime réciproque, l'intégrité professionnelle, l'amour de l'art et de la probité elle-même; il crée un lieu où la formation technique de l'acteur va de pair avec celle du caractère. Du même coup, il redonne au comédien un prestige nouveau et il refait son image publique.

De son expérience pédagogique sont «sorties deux des principales troupes permanentes de Montréal, le Théâtre du Nouveau-Monde et le Théâtre-Club, toutes deux fondées par d'anciens Compagnons[4]», ainsi que nombre d'équipes d'amateurs: les Apprentis-Sorciers, le théâtre des Saltimbanques, le groupe de l'Égrégore et plusieurs autres troupes dont les salles sont en vogue, entre 1955 et 1965, dans la métropole et ailleurs. De fait, presque toutes les tentatives valables de cette nouvelle époque sont tributaires, directement ou indirectement, de l'aventure des Compagnons de saint Laurent.

Il revient également au père Legault d'avoir restructuré le théâtre canadien-français et d'avoir mis à la disposition de nos auteurs, de nos acteurs et de nos metteurs en scène, un plateau épuré et des instruments de travail propres à son développement. Par un retour en arrière qui, pour lui, est synonyme de progrès, il remet en vigueur des principes sûrs afin de récupérer un art fait de mesure, de goût et de sobriété. Peu à peu, il impose sa conception du théâtre, rattachée à la fonction du metteur en scène. En accordant à ce dernier une autorité nouvelle, autrefois réservée à l'acteur ou à l'auteur, il donne au théâtre québécois une physionomie strictement originale.

L'effort contemporain, selon lui, doit tenter de synthétiser les composantes éparses de la création collective qu'est le spectacle; «rethéâtraliser» le théâtre, c'est-à-dire réaliser la fusion des éléments de la représentation dramatique, les équilibrer et réintégrer, à côté de l'oeuvre littéraire et sur le même plan, le décor, la plastique, la musique et tous les autres éléments qui peuvent servir à «architecturer» l'intégralité de l'oeuvre scénique. Tendant vers une mise en scène antiréaliste, dépouillée et suggestive, le Père redéfinit l'espace théâtral québécois en lui redonnant sa plus simple expression.

Par son choix de pièces et par le style de ses représentations, il libère la scène d'un système de consommation vulgaire et d'un art qui établit ses exigences sur la loi de l'offre et de la demande. Ayant ainsi éliminé tous les facteurs négatifs qui ont causé l'anémie et la veulerie de l'art dramatique au Canada français, il rebâtit un nouveau théâtre sur des fondements solides.

Choisissant de rendre un service social autant que culturel, le père Legault et ses Compagnons acceptent les charges attachées à ce rôle et, surtout, ils réussissent à sensibiliser toutes les couches de la société québécoise. L'instauration d'un courant de théâtre «populaire» au

127

Québec, à cette époque, correspond à l'attente d'une «démocratie sociale» qui comporte essentiellement l'espoir d'une culture populaire québécoise, que le théâtre essaiera lui-même de consolider. En ce sens, le théâtre populaire des Compagnons n'est pas autre chose qu'un théâtre de régénération et de revendication, puisqu'il oblige à une prise de conscience collective et éveille un sentiment national dans le milieu québécois. C'est encore de l'initiative du père Legault qu'est né le phénomène artistique et social de la «décentralisation» du théâtre, dont l'origine remonte à la politique de tournée des Compagnons de saint Laurent.

Au terme de cette démarche, disons qu'au-delà des exemples qu'ils ont proposés, de l'influence profonde qu'ils ont exercée, le père Legault et les Compagnons de saint Laurent auront largement contribué à redonner au théâtre ses lettres de noblesse.

NOTES

1. Jean-Claude GERMAIN, «Le
On n'avait plus besoin d'un moine dans
no 22, 24 mars 1968, p. 48, col. 1-5.
2. *Ibidem.*
3. GODIN et MAILHOT, *Le Th*
4. Jean HAMELIN, *Le Renouvea*

Bibliographie

I. — SOURCES PRIMAIRES

1. Legault, Émile, *Confidences,* Fides, Montréal, 1955, 188 p.
2. *Cahiers des Compagnons,* Montréal.

   Les *Cahiers des Compagnons* ont été publiés en deux séries. La première série date de septembre-octobre 1944 à mai-août 1945; la deuxième série date de janvier-février 1946 à octobre-décembre 1946. Nous présentons ici les principaux articles publiés dans ces cahiers.

Vol. I, no 1, sept.-oct. 1944

LEGAULT, Émile, «Nous ouvrons un chantier», pp. 1-3.
—, «Décor pour *les Fourberies*», p. 13.
LAMOUREUX, Roger, «Ascèse de l'art dramatique», pp. 17-18.
POULIN, Réjane, «Le climat des Compagnons», p. 25.
Anonyme, «Une jeunesse qui agit», p. 41.

Vol. I, no 2, nov.-déc. 1944

LEGAULT, Émile, «Nous sommes des artisans», pp. 33-35. Anonyme, «Une jeunesse qui agit», p. 41.
—, «Vienne un répertoire», p. 45.
LES COMPAGNONS, «Notre oeuvre appréciée...», pp. 46-47.
DALTOUR, Pierre, «À l'Ermitage, les «Compagnons» m'ont fait retrouver le coeur et l'âme de Paris», pp. 49-51.
LEGAULT, Émile, «Théâtre inédit», p. 51.
—, «Notes brèves», p. 64.

Vol. I, no 3, janv.-fév. 1945

LEGAULT, Émile, «Comme un grand cri d'amitié», pp. 65-67.

Vol. I, no 4, mars-avril, 1945
LEGAULT, Émile, «Technique et mystique», p. 129.
BELLOT, Dom Paul, o.s.b., «Simples notes», pp. 144-146.
GAZÉ, Alexandre, o.m.i., «*Scapin* à Ottawa», pp. 147-150.
Anonyme, «Les spectacles des Compagnons devant la critique», pp. 151-152.

Vol. I. nos 5-6 mai-août 1945
LEGAULT, Émile, «Une étape...», pp. 153-154.
DUPUY, Jacqueline, «Nous irons plus loin encore...», pp. 156-158.
PELLETIER, Gérard, «La lettre que j'aurais pu écrire aux Compagnons...»,
   pp. 158-160
LEGAULT, Émile, «Du public», pp. 171-72.
LEGAULT, Émile, «Jeu dramatique improvisé», pp. 185-186.

Vol. II, no 1, janv.-fév. 1946
LE TRAIT D'UNION, «Les Compagnons et les jeunes», p. 8.
LEGAULT, Émile, «Perspectives sur les Compagnons», pp. 9-13.

Vol. II, no 2, avril-mai, 1946
BOISVERT, Réginald, «Les *Cahiers des Compagnons*—présentation»,
   pp. 1-2.
LEGAULT, Émile, «Bilan de deux spectacles», pp. 3-8.
—, «Costumation pour le *Bal*», p. 9.
—, «Décors pour le *Bal*», pp. 10-11.
R. B., «Chorégraphie pour le *Bal*», pp. 12-13.

Vol. II, no 4, Août-sept. 1946
LEGAULT, Émile, «Marges du coeur», pp. 65-69.
RAYMOND, Marcel, «Ludmilla Pitoëff nous quitte», pp. 70-72.

Vol. II, nos 5-6, oct.-déc. 1946
DELAGE, Jean, «L'envers du décor», pp. 98-99.
ROUX, Jean-Louis, «Les monstres sacrés», pp. 102-117.

3. Articles principaux du père Legault
Revues et journaux

«Un Artiste viendra à Saint-Laurent cet été», *Le Laurentien,* vol. XI, no 3,
   fév.-mars 1938, p. 2.
«Théâtre populaire», *l'Action nationale,* XI, 6e année, juin 1938, pp. 514-
   521.
«Le Congrès eucharistique national», *l'École canadienne,* XIII année,
   no 10, juin 1938, pp. 340-343.
«Ghéon ambassadeur magnifique du génie français», *Jeux tréteaux et
   personnages,* no 85, 15 janv. 1939, pp. 9-12.
«Grandeur et misère du théâtre», *les Conférences du Club musical et littéraire de Montréal,* 1941-1942, pp. 28-40.
«Vérisme et poésie au théâtre», *les Conférences du Club musical et littéraire
   de Montréal,* 1942-1943, pp. 20-40.

«Le R. P. Émile Legault, c.s.c., chez les retraitants», *Le Devoir*, XXXIII, no 264, 12 nov. 1942, p. 7, col. 1-2.

«L'art dramatique en éducation», *l'École canadienne*, XVIIIe année, no 6, fév. 1943, pp. 254-255.

«Vers une orchestique canadienne», *l'École canadienne*, XVIIIe année, no 9, mai 1943, pp. 396-397.

«Le théâtre qu'il nous faut» *Amérique française*, II, 2e année, no 8, juin 1943, pp. 27-35.

«Le jeu retrouvé », *l'Action nationale*, XXII, no 3, nov. 1943, pp. 240-243.

«L'art du thèâtre de Henri Ghéon», *le Devoir*, XXXVI, no 15, 20 janv. 1945, p. 8, col. 3-4.

«Plaidoyer pour le comédien», *le Devoir*, XXXVI, no 240, 19 oct. 1945, p. 4, col. 3-4.

«Perspectives sur les Compagnons», *Relations*, Ve année, no 58, oct. 1945, pp. 272-273.

«Félix Leclerc aborde la scène», *le Devoir*, XXXVIII, no 52, 5 mars 1947, p. 5, col. 6.

«*Lucrèce* et les Compagnons», *le Devoir*, XXXIX, no 75, 1er avril 1948, p. 5, col. 6-7.

«Le théâtre qu'il nous faut», *Amérique française*, vol. II, no 8, juin 1948, pp. 27-35.

«À propos de *Britannicus*», *le Devoir*, XL, no 13, 18 janv. 1949, p. 4, col. 3-4.

«À son tour, le père Legault attaque Maxwell Wray et l'organisation du Festival», *le Devoir*, XLI, no 78, 4 avril 1950, p. 6, col. 3-5.

«De la scène à l'écran», *le Devoir*, XLI, no 151, 4 juill. 1950, p. 6, col. 4.

«Conférence du R. P. Émile Legault, c.s.c., au cercle juif», *le Devoir*, vol. XLI, no 256, 6 nov. 1950, p. 6, col. 4.

«Avant le lever du rideau sur *Notre petite ville*», *le Devoir*, XLII, no 46, 24 fév. 1951, p. 6, col. 5-6.

«Réflexions en marge d'*Henri IV*», *Amérique française*, vol. III, no 5, sept.-oct. 1951, pp. 50-53.

«À Maurice Blain, Iconoclaste», *le Devoir*, XLIII, no 26, 31 janv. 1952, p. 6, col. 2-4.

«Le père Legault nous parle de *l'Honneur de Dieu*», *le Devoir*, XLIII, no 104, 2 mai 1952, p. 6, col. 2-3.

«Mise en veilleuse temporaire des Compagnons de Saint-Laurent», *le Devoir*, XLIII, no 209, 4 sept. 1952, p. 6, col. 2-3.

«Notre dramaturgie canadienne-française», *le Devoir*, XLVI, no 260, 15 nov. 1955, p. 21, col. 4-8.

«Père Legault: la véritable crise se situe au niveau des comédiens», *le Devoir*, L, no 291, 12 déc. 1959, p. 9, col. 1-3, p. 10, col. 1-2.

Préfaces

Un réformateur de théâtre: Léon Chancerel (par) Jean CUSSON. Avant-

133

propos du R. P. Émile Legault, c.s.c., Fides, Montréal, 1942.

Théâtre-Montréal 1944-1945. «Il faut que le théâtre reprenne de la hauteur», par Émile Legault, c.s.c.

4. *Entrevue* sur bande magnétique, Montréal, déc. 1971, faite par l'auteur.

5. CHARBONNEAU, Jean-Marie, *Bio-Bibliographie du R. P. Émile Legault*, École des Bibliothécaires, Montréal, 1945, 47 p.

II. — BIBLIOGRAPHIE GÉNÉRALE

1. Ouvrages et articles portant sur le théâtre canadien-français

AMPLEMAN, John, «Théâtre canadien», *La Nouvelle Relève*, vol. VI, no 3, fév. 1948, pp. 273-276.

ANONYME, «La situation du théâtre canadien», *le Devoir*, XXXIX, no 73, 30 mars 1948, p. 5, col. 4.

BAILLARGEON, Samuel, «Le théâtre», *Littérature canadienne-française*, Montréal, 1957, pp. 429-437.

BALL, John Leslie, «Theatre in Canada», *Canadian Literature*, no 14, automne 1962, pp. 85-100.

BARBEAU, Victor, *les Cahiers de Turc*, Montréal, 1re et 2e série, oct. 1921 à juin 1927.

La barre du jour, vol. 1, nos 3-5 («Théâtre-Québec»), juill.-déc. 1965.

BEAULNE, Guy «Le Théâtre de langue française au Canada: son évolution depuis la dernière grande guerre», *Vie française*, vol. 12, mars-avril 1958, pp. 223-238.

—,*Le Théâtre, conscience d'un peuple*, Ministère des Affaires culturelles, Québec, 1967.

BÉLAIR, Michel, *Le Nouveau Théâtre québécois*, Éditions Leméac Montréal, 1973, 205 p.

BELLERIVE, Georges, *Nos auteurs dramatiques*, Librairie Garneau, Québec, 1933, 162 p.

BÉRAUD, Jean, *350 ans de théâtre au Canada français*, le Cercle du Livre de France, Montréal, 1958, 316 p.

BOUCHER, Pierre, «Nos publics de théâtre», *Revue de l'Université Laval*, vol. VIII, no 4, déc. 1953, pp. 351-357.

CHARBONNEAU, Robert, «Le Théâtre nouveau», *La Relève*, 1er cahier, 1re série, avril 1934, pp. 15-18.

DOAT, Jan, *Théâtre, portes ouvertes*, le Cercle du Livre de France, Montréal, 1970, 132 p.

GRANDPRÉ, Jacques de, «L'État doit aider le théâtre», *le Devoir*, XXXVIII, no 229, 4 oct. 1947, p. 6, col. 1-8.

GRANDPRÉ, Pierre de, *Histoire de la littérature du Québec*, tome II (1900-1945), Beauchemin, Montréal, 1968, pp. 52-62.

GÉLINAS, Gratien, «Pour un théâtre national et populaire», *Amérique française*, VII, 3, avril-juin 1948, pp. 32-42.

GODIN, Jean-Cléo, et MAILHOT, Laurent, *Le Théâtre québécois*, Éditions HMH, Montréal, 1970, 254 p.

HAMELIN, Jean, *Le Renouveau du théâtre au Canada français*, Éditions du Jour, Montréal, 1961, 159 p.

—, *Le Théâtre au Canada français*, Ministère des Affaires culturelles, Québec, 1964.

HÉNAUT, Gilles, et ROY, Michel, «Montréal a-t-il encore besoin de son théâtre? Enquête», *le Devoir*, L, no 291, 12 déc. 1959, pp. 9-10.

HOULÉ, Léopold, «Notre théâtre et la critique», *les Mémoires de la Société royale du Canada*, 3 d ser. 35, sect. 1, 1941, pp. 77-90.

—, «Retour des classiques», *les Mémoires de la Société royale du Canada*, 3 d ser. 36, sect. 1, 1942, pp. 59-69.

—, «Avons-nous un théâtre canadien?», *les Conférences du Club musical et littéraire de Montréal*, 1943-1944, pp. 20-40.

—, *L'Histoire du théâtre au Canada*, Fides, Montréal, 1945, 170 p.

KEMPF, Yerri, *Les Trois Coups à Montréal*, Librairie Déom, Montréal, 1965, 383 p.

LALIBERTÉ, Jean-Marc, «Nos sociétés artistiques manquent presque toutes de ressources financières. Demandes d'octroi», *le Devoir*, XL, no 274, 24 nov. 1945, p. 5, col. 1-3.

LANGEVIN, André, Le Théâtre au Canada français, *le Devoir*, XXXVI, no 143, 23 juin 1945, p. 8, col. 3-4.

LAURENT, Édouard, «Réflexions sur le théâtre», *Culture 6*, janv. 1945, pp. 39-54.

LEMELIN, Roger «L'Évolution du public en matière d'art», *L'Action nationale*, vol. XXV, no 2, fév. 1945, pp. 90-100.

NORD, nos 4-5 («Le Théâtre au Québec 1950-1972»), automne-hiver 1973.

PÂQUET, André, s.j., «Les Origines du théâtre français au Canada», *Canada français*, vol. 32, 1944, pp. 99-109.

—, «Au théâtre», *Relations*, XIIe année, no 133, janv. 1952, pp. 18-19.

—, «Chronique du théâtre», *Relations*, XIIe année, no 136, avril 1952, p. 105.

PARABOLIER, «Mouvement du théâtre canadien», *Carnets viatoriens*, VIIe année, no 2, avril 1942, p. 134.

PÉRIGORD, F.-Denis, «Le Mouvement actuel du théâtre religieux (1)», *les Carnets du théologue*, 2e année, no 2, juin 1937, pp. 66-73.

—, «Le Mouvement actuel du théâtre religieux (2)», *les Carnets du théologue*, 2e année, no 3, oct. 1937, pp. 111-113.

RACICOT, Paul-Émile, s.j., «Situation de notre théâtre», *Relations,* vol. 16, no 190. oct. 1956, pp. 290-291.

ROUX, Jean-Louis, «Le Théâtre québécois», *Europe,* nos 478-479, fév.-mars 1969, pp. 222-228.

TEMKINE, Raymonde, «L'activité théâtrale au Québec», *Europe,* nos 478-479, fév.-mars 1969, pp. 228-238.

TOUPIN, Paul, «Le théâtre», *Cahiers de l'Académie française III,* Montréal, 1958, pp. 110-123.

—, *L'écrivain et son théâtre,* le Cercle du Livre de France, Montréal, 1964, 97 p.

2. Ouvrages et articles traitant du théâtre en général

BABLET, Denis, *La Mise en scène contemporaine,* la Renaissance du Livre, Bruxelles, 1968, 97 p.

BLANCHART, Paul, *Histoire de la mise en scène,* Presses universitaires de France, Paris, 1948, 128 p.

BOLL, André, *La mise en scène contemporaine: son évolution,* Nouvelle Revue critique, Paris 1944. 145 p.

BORGAL, Clément, *Metteurs en scène: Jacques Copeau, Louis Jouvet, Charles Dullin, Gaston Baty, Georges Pitoëff,* Éditions Fernand Lanore, Paris 1963, 222 p.

BRASILLACH, Robert, *Animateurs de Cartel,* Corréa, Paris, 1936, 224 p.

—, *Animateurs de théâtre,* Éditions de la Table Ronde, Paris, 1954, 267 p.

COPFERMANN, Émile, *Le théâtre populaire pourquoi?,* Maspéro, Paris, 1965, 165 p.

DESCOTES, Maurice, *Le Public de théâtre et son histoire,* Presses universitaires de France, Paris, 1964, 362 p.

DHOMME, Sylvain, *La Mise en scène contemporaine d'André Antoine à Bertolt Brecht,* F. Nathan, Paris, 1959, 349 p.

DOISY, Marcel, *Le Théâtre français contemporain,* La Boétie, Bruxelles, 1947, 275 p.

DUVIGNAUD, Jean-Auger, *Les Ombres collectives: sociologie du théâtre,* Presses universitaires de France, Paris, 1965, 592 p.

GIRAUDON, René, *Démence et mort du théâtre,* Casterman, Paris, 1971, 150 p.

Histoire des spectacles, Encyclopédie de la Pléiade, t. XIX, Gallimard, Paris 1965, 2010 p.

HORT, Jean, *Les Théâtres du Cartel et leurs animateurs,* Éditions Skira, Genève, 1944, 207 p.

LALOU, René, *Le Théâtre en France depuis 1900,* Presses universitaires de France, Paris, 1956, 126 p.

LEE, Vera, *Quest for a public: French popular theater since 1945,* Schenkman, Cambridge, Massachusetts, 1970, 200 p.

136

MIGNON, Paul-Louis, *Le Théâtre d'aujourd'hui de A jusqu'à Z,* Michet Brient, Paris, 1966, 336 p.

OBEY, André, *Aspects du théâtre contemporain en France (1930-1945),* Éditions du Pavois, Paris, 1945, 295 p.

PANDOLFI, Vito «La Science de la mise en scène», *Histoire du théâtre,* t. 3, Marabout Université, Verviers, 1968, pp. 225-347.

RAYMOND, Marcel, *Le Jeu retrouvé,* Éditions de l'Arbre, Montréal, 1943, 239 p.

VEINSTEIN, André, *Du théâtre libre au théâtre Louis Jouvet,* Billaudot, Paris, 1955, 282 p.

3. Livres et articles consultés sur les animateurs de théâtre étrangers

Adolphe Appia

—, *L'Oeuvre d'art vivant,* Éditions Atar, Genève, 113 p.

Gaston Baty

—, *Rideau baissé,* Bordas, Paris 1949, 226 p.

COGNIAT, Raymond, *Gaston Baty,* Presses littéraires de France, Paris 1953, 57 p.

Henri Brochet

—, «Un mot de Brochet», *Cahiers des Compagnons,* I, 2, nov.-déc. 1944, p. 45.

Jeux, tréteaux et personnages, cahiers mensuels d'art dramatique, fondés et dirigés par Henri Brochet (15 oct. 1930 au 15 juill. 1939, nos 1-91), devenus *Revue internationale de théâtre* en 1946 (no 107, janv.-fév. 1946 et no 108, mars-avril 1946).

Léon Chancerel

—, «Vers une renaissance théâtrale», *Études 220,* 20 sept. 1934, pp. 795-806.

—, «Rénovation dramatique en profondeur», *Études 224,* 5 sept. 1935, pp. 634-647.

—, *Les Jeux dramatiques,* Éditions du Cerf, Juvisy, France, 1939, 180 p.

—, «Les conditions d'une véritable rénovation dramatique», *Cahiers des Compagnons,* I, 1, sept.-oct. 1944, pp. 14-16.

—, «Le Palais du roi Gondofurus», *Cahiers des Compagnons,* I, 5-6, mai-août 1945, pp. 162-170.

—, «Public snob...», *Cahiers des Compagnons,* I, 5-6, mai-août 1945, pp. 180-182.

—, «Un spectateur de Poulo...», *Cahiers des Compagnons,* I, 5-6, mai-août 1945, pp. 183-184.

—, «Une pantomime burlesque», *Cahiers des Compagnons,* I, 5-6, mai-août 1945, pp. 187-190.

—, « *La Goutte de miel* », *Cahiers des Compagnons,* II, 1, janv.-fév. 1946, pp. 25-32.

—, *Le Théâtre et la jeunesse,* Bourrelier, Paris, 1946, 183 p.

—, «Comment monter et présenter un spectacle de qualité», supplément au no 5 des *Cahiers d'art dramatique,* Paris, 1948, pp. 3-79.

—, *Petite histoire de l'art et des artistes: le théâtre et les comédiens,* Fernand Nathan, Paris, 1951, 158 p.

—, *Panorama du théâtre, des origines à nos jours,* Armand Colin, Paris 1955, 219 p.

CUSSON, Jean, *Un réformateur du théâtre: Léon Chancerel,* Éditions Fides, Montréal, 1943, 95 p.

RAYMOND, Marcel «Les jeux dramatiques», dans *La Nouvelle Relève,* vol. II, no 7, juin 1943, pp. 442-443.

Gustave Cohen

—, « *Le jeu d'Adam et Ève* », *Amérique française,* I, 5, avril 1942, pp. 28-31.

—, «Le Théâtre en Sorbonne...», *Cahiers des Compagnons,* I, 4, mars-avril 1945, pp. 138-143.

Jacques Copeau

—, *Un essai de rénovation dramatique: le théâtre du Vieux-Colombier,* NRF, Paris 1913.

—, *Études d'art dramatique,* NRF, Paris, 1923, 252 p.

—, *Critiques d'un autre temps,* NRF, Paris, 1923, 125 p.

—, *Souvenirs du Vieux-Colombier,* Nouvelles Éditions latines, Paris, 1931, 125 p.

—, *Le Théâtre populaire,* Presses universitaires de France, Paris, 1941, 64 p.

—, «Remarques autour du jeune théâtre d'aujourd'hui», *Cahiers des Compagnons,* I, 1, sept.-oct. 1944, pp. 9-11.

—, «L'Esprit des petits théâtres», *Cahiers Renaud-Barrault,* II, 4, 1954, pp. 8-20.

—, *Notes sur le métier de comédien,* Marcel Brient, Paris, 1955, 75 p.

BORGAL, Clément, *Jacques Copeau,* L'Arche, Paris, 1960, 302 p.

DOISY, Marcel, *Jacques Copeau ou l'Absolu dans l'art,* le Cercle du Livre, Paris, 1954, 253 p.

FAUNY-ANDERS, France, *Jacques Copeau et le Cartel des Quatre,* A.-G. Nizet, Paris, 1960, 340 p.

KURTZ, Maurice, *Jacques Copeau, biographie d'un théâtre,* Nagel, Paris, 1951, 269 p.

LERMINIER, Georges, *Copeau, le réformateur,* Presses littéraires de France, Paris, 1953, 86 p .

RAYMOND, Marcel, «Jacques Copeau», *La Relève,* 5 cahier, 3 série, 1941, pp. 84-90.

Edward Gordon Craig

—, *Scène,* Benjamin Blom, New York, 1968, 27 p.

BABLET, Denis, *Edward Gordon Craig,* London, Heinemann, 1966, 207 p.

Charles Dullin

ARNAUD, Lucien, *Charles Dullin,* l'Arche, Paris, 1952, 255 p.

Henri Ghéon

—, «Entretien sur l'art», *La Relève,* 4e cahier, 6e série, juin 1938, p. 161.

—, «L'art du théâtre», *Regards,* vol. III, no 5, fév. 1942, pp. 220-227.

—, *L'Art du théâtre,* Éditions Serge, Montréal, 1944, 212 p.

—, «Sur la scène chrétienne», *Cahiers des Companons,* I, 3, janv.-fév. 1945, pp. 68-69.

—, «De Profundis», *Cahiers des Compagnons,* I, 3, janv.-fév. 1945, p. 88.

—, «Francis Vielé-Griffin», *Cahiers des Compagnons,* I, 3, janv.-fév. 1945, p. 92.

—, «Aridité et inspiration», *Cahiers des Compagnons,* I, 3, janv.-fév. 1945, pp. 99-102.

—, *Dramaturgie d'hier et de demain,* Éditions E. Vitte, Lyon, 1963, 182 p.

BEAULIEU, Paul, «Ghéon, romancier chrétien», *La Relève,* 4e cahier, 6e série, juin 1938, pp. 183-185.

BRUNET, Berthelot, «L'Art du théâtre», *La Nouvelle Relève,* vol. III, no 8, nov. 1944, p. 497.

CUSSON, Jean, «*Le Comédien et la Grâce*», *Amérique Française,* II, 8, juin 1948, pp. 51-52.

DÉLÉGLISE, Maurice, *Le Théâtre de Henri Ghéon,* Sion, Paris, 1947, 407 p.

DUHAMEL, Roger, «Henri Ghéon», *Action universitaire,* vol. XII, no 4, déc. 1945, pp. 22-28.

ÉLIE, Robert, «Pour le peuple fidèle», *La Relève,* 4e cahier, 6e série, juin 1938, pp. 179-182.

HENAUT, Gilles «L'art du théâtre», *Amérique française,* IV, 2, nov. 1944, pp. 71-72.

HILAIRE, Père, o.f.m. cap., «Un théâtre de chrétienté», *Cahiers des Compagnons,* I, 3, janv.-fév. 1945, pp. 121-126.

HURTUBISE, Claude, «Entretien avec Ghéon», *La Relève,* 4e cahier, 6e série, juin 1938, pp. 161-169.

—, «Ghéon devant Mozart», *La Relève,* 4e cahier, 6e série, juin 1938, pp. 186-189.

«La dernière lettre de Ghéon, chez les Compagnons», *Cahiers des Compagnons,* I, 3, janv.-fév. 1945, p. 126.

LAMARCHE, Antonin, C.S.V., «Le plus grand ami de Mozart», *Cahiers des Compagnons,* I, 3, janv.-fév. 1945, pp. 109-116.

LAMARCHE, Gustave, c.s.v., «Ghéon et la rythmique du drame», *Cahiers des Compagnons,* I, 3, janv.-fév. 1945, pp. 89-92.

LAURENDEAU, André, «Henri Ghéon et Saint-Laurent du Fleuve», *l'Action nationale,* 6e année, tome XI, sept. 1938, pp. 76-80.

LECLERC, Félix, «Lettre à Monsieur Ghéon», *Cahiers des Compagnons,* I, 3, janv.-fév. 1945, p. 70.

MARITAIN, Jacques, «Hommage à Ghéon», *Cahiers des Compagnons,* I, 3, janv.-fév. 1945, p. 72.

MAUFFETTE, Guy, «Ghéon, incomparable ami», *Cahiers des Compagnons,* I, 3, janv.-fév. 1945, p. 87.

ORLAND, Claude, «Un sommet de classicisme chrétien», *Cahiers des Compagnons,* I, 3, janv.-fév. 1945, p. 120.

PARABOLIER, Henri Ghéon, prophète du théâtre poétique», *les Carnets viatoriens,* IXe année, no 4, oct. 1944, pp. 272-285.

PARENT, Jean-Marie, «Henri Ghéon, le comédien de la grâce», *La Relève,* vol. 4, no 6, juin 1938, pp. 170-174.

PARVILLEZ, Alphonse de, «Ghéon dramaturge», *Cahiers des Compagnons,* I, 3, janv.-fév. 1945, p. 71.

PELLETIER, Gérard, «Ghéon et les vivants», *Cahiers des Compagnons,* I, 3, janv.-fév. 1945, pp. 105-109.

PINARD, GASTON, c.s.v., Un grand serviteur du théâtre spirituel: Henri Ghéon», *Carnets viatoriens,* VIe année, no 64, oct. 1941, pp. 277-283.

RAYMOND, Marcel, «Henri Ghéon et André Gide», *La Relève,* 4e cahier, 6e série, juin 1938, pp. 175-178.

—, «Entretiens avec Ghéon», *Regards,* vol. III, no 6, mars 1942, pp. 264-270.

—, «Un roman d'Henri Ghéon: *La Jambe noire*», *La Nouvelle Relève,* vol. II, no 6, avril 1943, pp. 381-382.

—, «André Gide et Henri Ghéon», *Les Gants du ciel,* no 3, mars 1944, pp. 31-44.

—, «Triptyque sur Henri Ghéon», *Cahiers des Compagnons,* I, 3, janv.-fév. 1945, p. 116.

RIGAULT, Jean de, «Pour un théâtre nouveau», *Amérique française,* I, 3, fév. 1942, pp. 32-37.

SALOMÉ, René, «Ghéon, dramaturge», *Cahiers des Compagons,* I, 3, janv.-fév. 1945, p. 104.

SHEED, F.J., «The secret of Henri Ghéon», *Cahiers des Compagnons,* I, 3, janv.-fév. 1945, p. 103.

VALDOMBRE, «Le poète Henri Ghéon», *Le Laurentien,* sept.-oct. 1938, p. 4.

—, «De Gide à Dieu», *Cahiers des Compagnons,* I, 3, janv.-fév. 1945, pp. 93-99.

VARIN, Roger, «Ghéon, intime», *Cahiers des Compagnons,* I, 3, janv.-fév. 1945, pp. 117-120.

Louis Jouvet
—, *Témoignages sur le théâtre,* Flammarion, Paris, 1951, 249 p.
CÉZAN, Claude, *Louis Jouvet et le théâtre d'aujoud'hui,* Émile-Paul, Paris, 1948, 126 p.
Georges et Ludmilla Pitoëff
—, *Notre Théâtre,* Librairie Bonaparte, Paris, 1949, 113 p.
FRANK, André, *Georges Pitoëff,* L'Arche, Paris, 1958, 158 p.
HORT, Jean, *La Vie héroïque des Pitoëff,* P. Cailler, Genève, 1966, 555 p
Constantin Stanislavski
—, *Ma vie dans l'art,* Éditions Albert, Paris, 1950, 236 p.
—, *Stanislavski's Legacy,* Theatre Arts Books, New York, 1958, 208 p.
—, *Stanislavski on the art of the stage,* Hill and Wang, New York, 1961, 255 p.
MOORE, Sonia, *The Stanislavski method,* Viking Press, New York, 1960, 78 p.
Michel Saint-Denis
—, *Théâtre: The Rediscovery of Style,* Heinemann, London, 1960, 110 p.

4. Thèses

GAGNON, Gilles, *Le Théâtre des Compagnons de Saint-Laurent,* L, ès L., Laval, mai 1967.
NUGENT, Maurice James, *Les Compagnons,* M. A., Yale University, June 1949.
RICKETT, Olla Goewey, *The French-speaking Theatre of Montreal,* 1937-1963, Ph. D., Cornell University, 1964.

III — ÉTUDES PORTANT SUR LE PÈRE LEGAULT ET LES COMPAGNONS DE SAINT LAURENT

1. Périodiques

AMPLEMAN, John, «L'aventure des Compagnons», *La Nouvelle Relève,* V, no 9, août-sept. 1947, pp. 844-848.
ANGERS, Pierre, «*L'Honneur de Dieu* chez les Compagnons», *Relations,* XIIe année, no 138, juin 1952, pp. 161-162.
ANONYME, «Les Compagnons de saint Laurent», *Le Crieur,* no 2, nov. 1937, p. 1.
—, «Vers un théâtre authentique», *Le Laurentien,* vol. XI, no 1, sept.-oct. 1939, p. 6.
—, «Beau travail des Compagnons de saint Laurent», *Carnets viatoriens,* Xe année, no 2, avril 1945, p. 143.

141

—, «Beau travail des Compagnons de saint-Laurent», *Carnets viatoriens,* Xe année, no 2, avril 1945, p. 143.

BAULIEU, Paul, «*Le Noël sur la place*», *La Relève,* 4e cahier, 1re série, janv. 1938, pp. 17-20.

—, «Réflexions sur *l'Échange*», *La Relève,* 4e cahier, 4e série, juin 1938, p. 97.

COLEMAN, Francis, «The Theatre in Canada: Les Compagnons», *Theatre Arts,* vol. 30, no 7, July 1946, pp. 391-392.

CORBEIL, Gilles, «*Jeu de Nostre-Dame,* Louis Barjon», *Amérique française,* I, 1, nov. 1941, pp. 42-43.

DESBIENS, Lucien, «Pour un théâtre chrétien», *Le Laurentien,* vol. X, no 2, déc.-janv. 1937-1938, p. 8.

—, «*La Bergère au pays des loups — Le Noël sur la place*», *Le Laurentien,* vol. X, no 2, déc.-janv. 1937-1938, p. 9.

DUHAMEL, Roger, «Le Feuilleton des spectacles» *Relations,* VIe année, no 70, oct. 1946, p. 311.

GAGNON, Gilles, «Le Théâtre des Compagnons de saint Laurent», *Culture 30,* 1969, pp. 129-145.

HOULE, Jean-Pierre, «Les Compagnons», *L'Action universitaire,* vol. XII, no 4, déc. 1945, pp. 20-22.

HURTUBISE, Claude, «Molière chez les Compagnons», *La Relève,* 5e cahier, 4e série, juill.-août 1940, pp. 124-125.

JASMIN, Judith, «Petit palmarès de la saison théâtrale à Montréal», *La Nouvelle Revue canadienne,* vol. I, no 3, juin-juill. 1951, pp. 65-69.

—, «Les Compagnons et le théâtre du Nouveau-Monde», *La Nouvelle Revue canadienne,* vol. I, no 5, nov.-déc. 1951, pp. 60-63.

—, «*Noces de sang,* chez les Compagnons», *La Nouvelle Revue canadienne,* vol. I, no 6, fév.-mars 1952, pp. 67-70.

—, «*Fédérigo*», *La Nouvelle Revue canadienne,* vol. II, no 1, avril-mai 1952, pp. 65-66.

—, «*L'Honneur de Dieu*», *La Nouvelle Revue canadienne,* vol. II, no 2, juin-juill. 1952, pp. 148-151.

JOHNSTONE, Ken, «The Companions, unique French-Canadian group dedicated to theater», *The Standard,* Montreal, January 25, 1947, pp. 2-8.

LAURION, Gaston, «L'au-revoir des Compagnons», *L'Action nationale,* XXIX, no 6, juin 1947, pp. 483-485.

LE DUC, Jacques, «Sauvés par le théâtre», *L'Action nationale,* 5e année, t. X, déc. 1937, pp. 300-312.

LE GRAND, Albert, s.j., «Avec les Compagnons à l'Ermitage», *Relations,* IIe année, no 24, déc. 1942, pp. 331-332.

LE SCRUTATEUR, «Beau travail des Compagnons de saint Laurent», *Carnets viatoriens,* Xe année, no 2, avril 1945, p. 143.

MONT, Marc, «Chez les Compagnons», *Amérique française,* 3, 6, nov.-déc. 1951, pp. 64-65.

142

PÂQUET, André, s.j., «*Henri IV* au Théâtre des Compagnons», *Relations*,
XIe année, no 131, nov. 1951, pp. 311-312.

PARENT, Jean-Marie, «Les Compagnons de saint Laurent», *L'Action
nationale*, 6e année, t. XI, fév. 1938, pp. 162-166.

RAYMOND, Marcel, «*L'Échange* chez les Compagnons de saint-Laurent»,
La Nouvelle Relève, I, no 6, fév. 1942, pp. 366-371.

SCARPALEGGIA, Cherubina, «*Les Romanesques* chez les Compagnons», *Amérique française*, 5, 10, déc. 1946, pp. 22-23.

—, «*Le Médecin malgré lui* chez les Compagnons», *Amérique française*,
6, 1, janv. 1947, pp. 33-34.

—, «*Léocadia* chez les Compagnons», *Amérique française*, 6, 3, mars
1947, pp. 47-48.

«Troupe from Canada — Les Compagnons», *Newsweek*, vol. 28, no 84,
23 déc. 1946, p. 84.

UN COMPAGNON, «Vers un théâtre authentique: *Le Misanthrope* de
Molière», *Le Laurentien*, XI, no 1, nov. 1939, p. 6.

VILLEMURE, Pierre, «Les Compagnons — longue fidélité au théâtre»,
Le Nouvelliste, 48e année, no 172, 22 mai 1968, p. 10, col. 3-8.

2. Journaux

Le Devoir

Nous présentons tous les articles et communiqués publiés sur le père Legault et les
Compagnons de saint Laurent par ordre chronologique de 1937 à 1954.

1937

MERCIER-GOUIN, Mme Léon, «L'art dramatique chez nous», XXVIII,
no 146, 28 juin 1937, p. 11, col. 5.

ANONYME, Le jeu chrétien à Saint-Laurent», XXVIII, no 186, 13 août
1937, p. 4, col. 4.

ANONYME, «Clôture des fêtes de Saint-Laurent», XXVIII, no 187,
14 août 1937, p. 8, col. 2.

ANONYME, «Une troupe d'avant-garde, — les Compagnons de saint
Laurent», XXVIII, no 262, 13 nov. 1937, p. 8, col. 4.

Communiqué, «*La Bergère au pays des loups*», XXVIII, no 280, 4 déc.
1937, p. 4, col. 4.

ANONYME, «*La Bergère au pays des Loups*», XXVIII, no 276, 30 nov.
1937, p. 2, col. 4-5.

Communiqué, «*La Bergère au pays des loups*», XXVIII, no 280, 4 déc.
1937, p. 4, col. 4.

DESBIENS, Lucien, «*Le Noël sur la place*», XXVIII, no 294, 22 déc. 1937,
p. 12, col. 3.

1938

DESBIENS, Lucien, «*Le Mystère de la messe*», XXIX, no 146, 25 juin
1938, p. 3, col. 5.

DESBIENS, Lucien, « Henri Ghéon à Québec », XXIX, no 146, 25 juin 1938, p. 9, col. 4.

ANONYME, « *Le Mystère de la messe* », XXIX, no 147, 27 juin 1938, p. 4, col. 1.

GHÉON, Henri, « Avant *Le Jeu de saint Laurent du Fleuve* », XXIX, no 180, 5 août 1938, p. 1, col. 1.

HÉROUX, Omer, « Après Ghéon?... », XXIX, no 183, 9 août 1938, p. 1, col. 1.

DESBIENS, Lucien, « Saint-Laurent du fleuve », XXIX, no 183, 9 août 1938, p. 3, col. 2.

DESBIENS, Lucien, « Henri Ghéon « créé » au Canada », XXIX, no 185, 11 août 1938, p. 3, col. 1.

DESBIENS, Lucien, « De *la Chute d'un ange...* à Henri Ghéon », XXIX, no 187, 13 août 1938, p. 1, col. 1.

DESBIENS, Lucien, « Ghéon à « l'Heure provinciale » », XXIX, no 187, 13 août 1938, p. 3, col. 1.

ANONYME, « Le *Jeu de saint Laurent du fleuve* », XXIX, no 189, 16 août 1938, p. 10, col. 3.

GHÉON, Henri, « Le Renouveau catholique dans les lettres françaises », XXIX, no 190, 17 août 1938, p. 6, col. 1-3.

ANONYME, « Henri Ghéon au Plateau », XXIX, no 214, 15 sept. 1938, p. 7, col. 1-2.

1939

ANONYME, « À Saint-Laurent ce soir », XXX, no 237, 10 oct. 1939, p. 4, col. 3.

DESBIENS, Lucien, « Les « Compagnons de saint Laurent » et le IIIe centenaire de Racine », XXX, no 260, 7 nov. 1939, p. 2, col. 4.

DESBIENS, Jeanne M., « *La Fille du sultan* », XXX, no 263, 10 nov. 1939, p. 7, col. 4.

ANONYME, « La Distribution du *Misanthrope* », XXX, no 273, 22 nov. 1939, p. 7, col. 5.

Communiqué, « La Première du *Misanthrope* à Saint-Laurent », XXX, no 282, 2 déc. 1939, p. 4, col. 4.

DESBIENS, Lucien, « *Le Misanthrope* », XXX, no 284, 5 déc. 1939, p. 2, col. 4.

ANONYME, « Spectacle de Noël chez les Compagnons », XXX, no 293, 16 déc. 1939, p. 4, col. 3.

PELLETIER, Frédéric, « *Le Noël sur la place* », XXX, no 299, 23 déc. 1939,

1940

DESBIENS, Lucien, « Les débuts du théâtre et du cinéma », XXXI, no 46, 24 fév. 1940, p. 6, col. 1-7.

Communiqué, « *Britannicus* à Saint-Laurent », XXXI, no 58, 9 mars 1940, p. 4, col. 4.

ANONYME, «Racine chez les Compagnons de saint Laurent», XXXI, no 68, 21 mars 1940, p. 11, col. 3.

ANONYME, «Les Compagnons de saint Laurent dans *Britannicus*», XXXI, no 79, 4 avril 1940, p. 4, col. 5.

ANONYME, «Les décors de *Britannicus*», XXXI, no 80, 5 avril 1940, p. 4, col. 6-7.

DESBIENS, Lucien, «*Britannicus*», XXXI, no 83, 9 avril 1940, p. 4., col. 4.

DESBIENS, Lucien, «*Le Mystère de la messe*», XXXI, no 154, 4 juill. 1940, p. 4, col. 4.

ANONYME, «Un grand jeu à Saint-Isidore», XXXI, no 190, 15 août 1940, p. 4, col. 4.

ANONYME, «*Le Mystère de la messe* au Plateau», XXXI, no 244, 19 oct. 1940, p. 4, col. 2.

ANONYME, «Chez les Compagnons de saint Laurent, *Les Femmes savantes*», XXXI, no 272, 22 nov. 1940, p. 7, col. 5.

ANONYME, «Les Compagnons au Plateau», XXXI, no 273, 23 nov. 1940, p. 4, col. 3.

HUOT, Maurice, «À l'école de Molière», XXXI, no 284, 6 déc. 1940, p. 4, col. 3.

ANONYME, «Molière au Plateau», XXXI, no 287, 10 déc. 1940, p. 4, col. 4.

DESBIENS, Lucien «*Le Noël sur la place*», XXXI, no 296, 20 déc. 1940, p. 4, col. 3.

1941

ANONYME, «Le Festival du théâtre chrétien», XXXII, no 102, 3 mai 1941, p. 4, col. 4.

HUOT, Maurice, «Le Théâtre classique», XXXII, no 109, 12 mai 1941, p. 1, col. 3.

Communiqué, «Salle comble pour *Athalie*», XXXII, no 119, 24 mai 1941, p. 4, col. 4.

DESBIENS, Lucien, «*L'Athalie* des Compagnons», XXXII, no 121, 27 mai 1941, p. 4, col. 5.

Communiqué, «Dernière chance de voir *Athalie*», XXXII, no 123, 29 mai 1941, p. 4, col. 3.

Communiqué, «Chez les Compagnons», XXXII, no 215, 17 sept. 1941, p. 4, col. 4.

Communiqué, «Les Compagnons de saint Laurent présenteront *Le Mort à cheval*», XXXII, no 226, 30 sept. 1941, p. 4, col. 4.

Communiqué, «*Le Mort à cheval* avec les Compagnons», XXXII, no 228, 2 oct. 1941, p. 4, col. 4.

HUOT, Maurice «*Le Mort à cheval* et *La Tour*», XXXII, no 231, 6 oct. 1941, p. 4, col. 4.

Communiqué, «*Le Jeu de Nostre-Dame* au Forum», XXXII, no 232, 7 oct. 1941, p. 4, col. 4.

DESBIENS, Lucien, «Les Compagnons à l'Aiguille du pauvre», XXXII, no 234, 9 oct. 1941, p. 4, col. 2.

COMMUNIQUÉ, «Les Compagnons de saint Laurent au Forum», XXXII, no 239, 15 oct. 1941, p. 4, col. 4.

COMMUNIQUÉ, «Les Compagnons de saint Laurent au Forum», XXXII, no 241, 17 oct. 1941, p. 4, col. 4.

COMMUNIQUÉ, «Ce soir, les Compagnons au Forum», XXXII, no 244, 21 oct. 1941, p. 4, col. 3-4.

DESBIENS, Lucien, «L'hommage des Compagnons à Nostre-Dame», XXXII, no 245, 22 oct. 1941, p. 4, col. 4.

Communiqué, «*Noé* à l'affiche», XXXII, no 285, 10 déc., 1941, p. 8, col. 1.

Communiqué, «*Le Noël sur la place*», XXXII, no 293, 19 déc. 1941, p. 4, col. 6.

1942

Communiqué, «Ouverture de L'Ermitage», XXXIII, no 1, 3 janv. 1942. p. 4, col. 4.

Communiqué, «À propos du *Noé* d'André Obey», XXXIII, no 10, 15 janv. 1942, p. 4, col. 2.

Communiqué, «La maîtrise de l'art et *Noé*», XXXIII, no 11, 16 janv. 1942, p. 4, col. 3.

Communiqué, «M. le Consul de France chez les Compagnons», XXXIII, no 18, 24 janv. 1942, p. 8, col. 3.

Communiqué, «*Noé* à L'Ermitage», XXXIII, no 23, 30 janv. 1942, p. 4, col. 5.

Communiqué, «Hautes personnalités à *Noé*», XXXIII, no 24, 31 janv. 1942, p. 11, col. 4.

DESBIENS, Lucien, «La Nouvelle salle de L'Ermitage», XXXIII, no 26, 3 fév. 1942, p. 4, col. 4.

Communiqué, «La famille Noé», XXXIII, no 28, 5 fév. 1942, p. 7, col. 4.

DESBIENS, Lucien, «*Noé* à L'Ermitage», XXXIII, no 29, 6 fév. 1942, p. 9, col. 3.

ANONYME, «Mme Pitoëff dans *L'Échange* de Claudel», XXXIII, no 31, 7 fév. 1942, p. 6, col. 4.

Communiqué, «Ce soir, dernière de *Noé*», XXXIII, no 34, 12 fév. 1942, p. 4, col. 3.

ANONYME, «*L'Échange* à L'Ermitage», XXXIII, no 35, 13 fév. 1942, p. 4, col. 4.

ANONYME, «*L'Échange* de Claudel avec Mme Pitoëff», XXXIII, no 42, 21 fév. 1942, p. 10, col. 1.

ANONYME, «Ludmilla Pitoëff sera une Marthe extraordinaire», XXXIII, no 44, 24 fév. 1942, p. 4, col. 3.

HUOT, Maurice, «Trois actes de Paul Claudel», XXXIII, no 50, 3 mars 1942, p. 4, col. 3.

COHEN, Gustave, «Les Origines de la mise en scène dans le théâtre français», XXXIII, no 68, 24 mars 1942, p. 4, col. 4.

Communiqué, «Le *Jeu de saint Laurent du fleuve* au stade de l'Université McGill», XXXIII, no 123, 29 mai 1942, p. 4, col. 5-6.

ANONYME, «Le *Jeu de saint Laurent* repris par les Compagnons», XXXIII, no 129, 5 juin 1942, p. 4, col. 4.

AMYOT, Georges, «Pour un beau théâtre communautaire», XXXIII, no 130, 6 juin 1942, p. 7, col. 4.

ANONYME, «Appel aux jeunes qui veulent servir le théâtre», XXXIII, no 133, 10 juin 1942, p. 4, col. 5.

Communiqué, «L'oeuvre de Ghéon reprise les 23, 25 et 27 juin», XXXIII, no 134, 11 juin 1942, p. 4, col. 5.

ANONYME, «Un grand jeu à l'enseigne du troisième centenaire», XXXIII, no 136, 13 juin 1942, p. 7, col. 1-2.

ANONYME, «Saint Laurent, patron de notre fleuve», XXXIII, no 138, 16 juin 1942, p. 4, col. 4.

ANONYME, «*Le Jeu de saint Laurent*», XXXIII, no 148, 22 juin 1942, p. 4, col. 4-5.

ANONYME, «Le centre dramatique», XXXIII, no 230, 30 oct. 1942, p. 4, col. 3.

ANONYME, «*Le Jeu d'Adam et Ève*», XXXIII, no 245, 21 oct. 1942, p. 4, col. 5.

ANONYME, «M. Gustave Cohen à Montréal», XXXIII, no 246, 22 oct. 1942, p. 4, col. 4.

ANONYME, «Gustave Cohen chez les Compagnons», XXXIII, no 248, 24 oct. 1942, p. 4, col. 3.

ANONYME, «*Le Jeu d'Adam et Ève*», XXXIII, no 249, 26 oct. 1942, p. 4, col. 5.

ANONYME, «Un spectacle médiéval à L'Ermitage», XXXIII, no 251, 28 oct. 1942, p. 4, col. 5.

DUHAMEL, Roger, «Le Moyen Âge revit à L'Ermitage», XXXIII, no 253, 30 oct. 1942, p. 4, col. 3.

Communiqué, «*L'Annonce faite à Marie*», XXXIII, no 272, 21 nov. 1942, p. 4, col. 4.

Communiqué, «*L'Annonce faite à Marie*», XXXIII, no 275, 25 nov. 1942, p. 7, col. 5.

Communiqué, «Demain et samedi à L'Ermitage», XXXIII, no 282, 3 déc. 1942, p. 4, col. 5.

DUHAMEL, Roger, «*L'Annonce faite à Marie*», XXXIII, no 285, 7 déc. 1942, p. 4, col. 4.

Communiqué, «*Le Noël sur la place*», XXXIII, no 295, 19 déc. 1942, p. 4, col. 6.

1943

'ANONYME, «Les Compagnons à L'Ermitage», XXXIV, no 7, 12 janv. 1943, p. 4, col. 4.

ANONYME, «Molière chez les Compagnons», XXXIV, no 16, 22 janv. 1943, p. 4, col. 5.

ANONYME, «*Le Mariage forcé* à L'Ermitage», XXXIV, no 29, 6 fév. 1943, p. 4, col. 3.

ANONYME, «Le *Sanctus* de Félix Leclerc», XXXIV, no 32, 10 fév. 1943, p. 4, col. 5.

DUHAMEL, Roger, «Molière chez les Compagnons», XXXIV, no 34, 12 fév. 1943, p. 6, col. 4-5.

Communiqué, «Prochain spectacle des compagnons», XXXIV, no 96, 27 avr., 1943, p. 8, col. 4.

ANONYME, «Les matinées dominicales des Compagnons», XXXIV, no 99, 1er mai 1943, p. 4, col. 4.

ANONYME, «Une pièce sur les comédiens à L'Ermitage», XXXIV, no 101, 4 mai 1943, p. 6, col. 3.

DUHAMEL, Georges, «*Le Comédien et la Grâce*», XXXIV, no 104, 7 mai 1943, p. 4, col. 4-5.

ANONYME, «*La Vie profonde de saint François*», XXXIV, no 224, 30 sept. 1943, p. 4, col. 2-3.

SAURIOL, Paul «*La Vie profonde de saint François*», XXXIV, no 229, 6 oct. 1943, p. 4, col. 3-4.

DESMARCHAIS, Rex, «Naissance d'un théâtre», XXXIV, no 244, 23 oct. 1943, p. 9, col. 3-5.

Communiqué, «À L'Ermitage», XXXIV, no 254, 5 nov. 1943, p. 4, col. 5.

ANONYME, «Les Compagnons de saint Laurent», XXXIV, no 261, 13 nov. 1943, p. 4, col. 5.

ANONYME, «*Le Barbier de Séville* chez les Compagnons», XXXIV, no 272, 26 nov. 1943, p. 4, col. 5.

ANONYME, «À L'Ermitage», XXXIV, no 278, 3 déc. 1943, p. 4, col. 4-5.

ANONYME, «*Le Barbier de Séville* remis en février», XXXIV, no 281, 7 déc. 1943, p. 4, col. 4.

ANONYME, «Une oeuvre espagnole chez les Compagnons», XXXIV, no 300, 31 déc. 1943, p. 15, col. 6-7.

1944

ANONYME, «*Le Chant du berceau* à L'Ermitage», XXXV, no 9, 13 janv. 1944, p. 4, col. 3.

ANONYME, «Comoedia et *Le Chant du berceau*», XXXV, no 10, 14 janv. 1944, p. 6, col. 3.

DUHAMEL, Roger, «*Le Chant du berceau*», XXXV, no 19, 25 janv. 1944, p. 4, col. 3.

ANONYME, «Les Compagnons de saint Laurent», XXXV, no 34, 11 fév. 1944, p. 4, col. 5.

148

ANONYME, «*Le Barbier de Séville*», XXXV, no 40, 18 fév. 1944, p. 4, col. 4.

ANONYME, «À L'Ermitage», XXXV, no 41, 19 fév. 1944, p. 9, col. 4.

ANONYME, «*Le Barbier de Séville* chez les Compagnons», XXXV, no 46, 25 fév. 1944, p. 4, col. 5.

ANONYME, «Triomphe du *Barbier*», XXXV, no 56, 8 mars 1944, p. 4, col. 5.

ANONYME, «Succès inédit du *Barbier de Séville* chez les Compagnons», XXXV, no 57, 9 mars, 1944, p. 5, col. 4.

ANONYME, «Reprise d'un grand succès chez les Compagnons», XXXV, no 62, 15 mars 1944, p. 4, col. 4.

ANONYME, «*Le Chant du berceau* reprend l'affiche à L'Ermitage», XXXV, no 65, 18 mars 1944, p. 4, col. 2.

ANONYME, «*Le Barbier de Séville*», XXXV, no 82, 8 avril 1944, p. 6, col. 3.

ANONYME, «*Le Barbier de Séville* reprend l'affiche chez les Compagnons», XXXV, no 83, 11 avril 1944, p. 4, col. 4.

Communiqué, «*Le Barbier de Séville*, le samedi 15 avril», XXXV, no 85, 13 avril 1944, p. 4, col. 4.

ANONYME, «Brillante saison chez les Compagnons», XXXV, no 220, 23 sept. 1944, p. 7, col. 3.

Communiqué, «Les *Cahiers des Compagnons*, Bulletin d'art dramatique», XXXV, no 227, 2 oct. 1944, p. 4, col. 4.

ANONYME, «Les Compagnons inaugurent leur saison», XXXV, no 231, 6 oct. 1944, p. 6, col. 3.

Communiqué, «*Les Boulingrins* chez les Compagnons», XXXV, no 233, 10 oct. 1944, p. 6, col. 3.

C. F., «Les Compagnons à Rimouski», XXXV, no 242, 20 oct. 1944, p. 4, col. 5-6.

GUAY, Jacques, «*Les Fourberies de Scapin* à L'Ermitage», XXXV, no 244, 23 oct. 1944, p. 4, col. 2-3.

Communiqué, «*Orphée — Oedipe-Roi*», XXXV, no 256, 7 nov. 1944, p. 4, col. 4.

Communiqué, «Ce soir à L'Ermitage», XXXV, no 260, 11 nov. 1944, p. 4, col. 5.

Communiqué, «Deux pièces de Cocteau à L'Ermitage», XXXV, no 263, 15 nov. 1944, p. 4, col. 3.

GUILBAULT, Jean-Paul, «Les Compagnons s'affirment davantage», XXXV, no 264, 16 nov. 1944, p. 4, col. 2.

Communiqué, «Les Compagnons à Québec», XXXV, no 289, 16 déc. 1944, p. 12, col. 4.

Communiqué, «Prochain spectacle des Compagnons», XXXV, no 299, 29 déc. 1944, p. 4, col. 4.

1945

GUILBAULT, Jean-Paul, «Chez les Compagnons», XXXVI, no 9, 18 janv. 1945, p. 4, col. 1-2.

ANONYME, «Hommage des Compagnons à Henri Ghéon», XXXVI, no 21, 27 janv. 1945, p. 4, col. 4.

LANGEVIN, André, «*Le Pauvre sous l'escalier*», XXXVI, no 42, 23 fév. 1945, p. 4, col. 4-5.

GÉRARD, Jean-Paul, «De l'ouvrage bien fait — les *Cahiers des Compagnons*», XXXVI, no 63, 17 mars 1945, p. 8, col. 1-2.

ANONYME, «Les Compagnons joueront à New York», XXXVI, no 78, 6 avril 1945, p. 4, col. 4.

Communiqué, «*Picrochole* de Rabelais», XXXVI, no 83, 12 avril 1945, p. 6, col. 2.

LANGEVIN, André, «*Picrochole*», XXXVI, no 92, 23 avril 1945, p.4, col. 4.

ANONYME, «Montréal — Théâtre 1944-1945», XXXVI, no 104, 7 mai 1945, p. 4, col. 5.

LANGEVIN, André, «Pour un climat théâtral», XXXVI, no 230, 6 oct. 1945, p. 9, col. 1-2.

LANGEVIN, André, «Les Compagnons de saint Laurent», XXXVI, no 232, 10 oct. 1945, p. 7, col. 4-5.

ANONYME, «35 représentations chez les Compagnons», XXXVI, no 235, 13 oct. 1945, p. 4, col. 2.

Communiqué, «*On ne badine pas avec l'amour*», XXXVI, no 245, 25 oct. 1945, p. 8, col. 6.

Communiqué, «Les Compagnons au Gesù», XXXVI, no 247, 27 oct. 1945, p. 9, col. 4.

LANGEVIN, André, «*On ne badine pas avec l'amour*», XXXVI, no 251, 2 nov. 1945, p. 4, col. 3.

ANONYME, «Les Compagnons au Monument national», XXXVI, no 255, 7 nov. 1945, p. 6, col. 2.

LANGEVIN, André, «Le rire et l'émotion chez Alfred de Musset», XXXVI, no 257, 9 nov. 1945, p. 4, col. 3-4.

LANGEVIN, André, «L'étrange métier de comédien», XXXVI, no 258, 10 nov. 1945, p. 6, col. 1-2.

LANGEVIN, André, «*Noé* d'André Obey», XXXVI, no 263, 16 nov. 1945, p. 6, col. 2-3.

Communiqué, «Les Compagnons au Monument national», XXXVI, no 263, 16 nov. 1945, p. 6, col. 3.

Communiqué, «André Obey et le jeu», XXXVI, no 264, 17 nov. 1945, p. 10, col. 3.

LANGEVIN, André, «Le P. Émile Legault — animateur des Compagnons de saint Laurent», XXXVI, no 265, 19 nov. 1945, p. 7, col. 1-3.

Communiqué, « *Noé* chez les Compagnons », XXXVI, no 269, 23 nov. 1945, p. 4, col. 3.

Communiqué, « Pièce de Marivaux chez les Compagnons », XXXVI, no 271, 26 nov. 1945, p. 6, col. 3.

Communiqué, « Le Marivaudage du *Jeu de l'amour et du hasard* », XXXVI, no 273, 28 nov. 1945, p. 6, col. 3.

LANGEVIN, André, « Marivaux et la simplicité », XXXVI, no 278, 30 nov. 1945, p. 4, col. 1-2.

ANONYME, « Ce qui est et ce qui n'est pas dans Marivaux », XXXVI, no 276, 1er déc. 1945, p. 4, col. 5-6.

ANONYME, « *Le Noël sur la place* au Gesù », XXXVI, no 290, 19 déc. 1945, p. 6, col. 5.

1946

ANONYME, « *Le Bal des voleurs* chez les Compagnons », XXXVII, no 43, 21 fév. 1946, p. 6, col. 5.

ANONYME, « La musique du *Bal des voleurs* », XXXVII, no 45, 23 fév. 1946, p. 8, col. 6.

Communiqué, Les ballets du *Bal des voleurs* », XXXVII, no 48, 27 fév. 1946, p. 4, col. 5.

Communiqué, « *Le Bal des voleurs* », XXXVII, no 50, 1er mars 1946, p. 6, col. 3.

LANGEVIN, André, « Jean Anouilh et la convention », XXXVII, no 51, 2 mars 1946, p. 6, col. 1-2.

LANGEVIN, André, « *Le Bal des voleurs* de Jean Anouilh », XXXVII, no 56, 8 mars 1946, p. 4, col. 2-3, p. 10, col. 4-6.

Communiqué, « La veine moliéresque en comédie moderne », XXXVII, no 60, 13 mars 1946, p. 6, col. 4.

Communiqué, « Les personnages du *Bal des voleurs* », XXXVII, no 62, 15 mars 1946, p. 4, col. 5.

LANGEVIN, André, « Le prochain spectacle des Compagnons », XXXVII, no 63, 16 mars 1946, p. 7, col. 2-3.

Communiqué, « L'Art de la cabriole chez M. Jean Anouilh », XXXVII, no 63, 16 mars 1946, p. 7, col. 5.

LANGEVIN, André, « *La Nuit des rois* de Shakespeare — Alfred Pellan et les Compagnons », XXXVII, no 70, 25 mars 1946, p. 4, col. 2-3.

LANGEVIN, André, « Actualités artistiques — les *Cahiers des Compagnons* », XXXVII, no 75, 30 mars 1946, p. 4, col. 1-2.

Communiqué, « L'*Antigone* de Jean Anouilh au Gesù », XXXVII, no 111, 14 mai 1946, p. 4, col. 3.

Communiqué, « Le sujet traité par Anouilh dans *Antigone* », XXXVII, no 112, 15 mai 1946, p. 4, col. 5.

LANGEVIN, André, « Actualités artistiques — *Antigone* de Jean Anouilh », XXXVII, no 120, 25 mai 1946, p. 6, col. 1-3.

LANGEVIN, André, «*Antigone* de Jean Anouilh», XXXVII, no 121, 27 mai 1946, p. 5, col. 4.

ANONYME, «On tourne *Antigone*», XXXVII, no 123, 29 mai 1946, p. 5, col. 3.

LANGEVIN, André, «Actualités artistiques — Nous manquons de dynamisme — Bilan d'une saison», XXXVII, no 125, 1er juin 1946, p. 5, col. 1-2.

LANGEVIN, André, «Actualités artistiques — M. Gustave Cohen, homme de théâtre», XXXVII, no 131, 8 juin 1946, p. 5, col. 1-3.

BROCHET, Henri, «Grandeur du théâtre populaire chrétien», XXXVII, no 201, 31 août 1946, p. 8, col. 5-7.

Communiqué, «Brillante saison chez les Compagnons», XXXVII, no 215, 18 sept. 1946, p. 5, col. 5.

Communiqué, «Vente accélérée chez les Compagnons», XXXVII, no 217, 20 sept. 1946, p. 5, col. 4.

Communiqué, «La saison des Compagnons», XXXVII, no 218, 21 sept. 1946, p. 6, col. 1-2.

Communiqué, «Les billets de saison chez les Compagnons», XXXVII, no 220, 24 sept 1946, p. 5, col. 4.

Communiqué, «La 10e saison des Compagnons», XXXVII, no 233, 9 oct. 1946, p. 5, col. 3.

LANGEVIN, André, «Actualités artistiques — Les Compagnons réhabiliteront Rostand ce soir», XXXVII, no 236, 12 oct. 1946, p. 7, col. 3.

ANONYME, «*Les romanesques*», XXXVII, no 238, 16 oct. 1946, p. 5, col. 3.

ANONYME, «Les Compagnons rayonnent», XXXVII, no 242, 21 oct. 1946, p. 5, col. 3.

ANONYME, «L'auteur des *Précieuses* et du *Médecin malgré lui*», XXXVII, no 266, 20 nov. 1946, p. 5, col. 5-6.

ANONYME, «Origine et sujet du *Médecin malgré lui*», XXXVII, no 268, 22 nov. 1946, p. 5, col. 4.

ANONYME, «Molière éleva le prix des places pour les *Précieuses*», XXXVII, no 269, 23 nov. 1946, p. 8, col. 1-2.

FRANÇOIS, «Molière chez les Compagnons», XXXVII, no 276, 2 déc. 1946, p. 5, col. 4-5.

Communiqué, «Les Compagnons invités aux États-Unis», XXXVII, no 279, 5 déc. 1946, p. 5, col. 3.

GRANDPRÉ, Jacques de, «Un *Noël sur la place* dans un milieu naturel», XXXVII, no 299, 30 déc. 1946, p. 5, col. 6-7.

1947

ANONYME, «*Léocadia* d'Anouilh chez les Compagnons», XXXVIII, no 8, 13 janv. 1947, p. 5, col. 6.

152

ANONYME, «La duchesse de Léocadia», XXXVIII, no 13, 18 janv. 1947, p. 5, col. 4.

ANONYME, «*Léocadia*», XXXVIII, no 24, 31 janv. 1947, p. 5, col. 3.

GRANDPRÉ, Jacques de, «*Léocadia,* un ravissement», XXXVIII, no 26, 3 fév. 1947, p. 6, col. 3-4.

ANONYME, «Création d'une oeuvre canadienne chez les Compagnons», XXXVIII, no 28, 5 fév. 1947, p. 5, col. 4.

ANONYME, «Tournée des Compagnons au Saguenay», XXXVIII, no 39, 18 fév. 1947, p. 5, col. 2.

GILBERT, Don, «Deux belles troupes: Les Compagnons et l'Équipe», XXXVIII, no 40, 19 fév. 1947, p. 5, col. 5.

ANONYME, «Une pièce canadienne chez les Compagnons», XXXVIII, no 45, 25 fév. 1947, p. 5, col. 5-7.

ANONYME, «Le personnage de *Maluron*», XXXVIII, no 47, 27 fév. 1947, p. 5, col. 3.

ANONYME, «La campagne de *Maluron*», XXXVIII, no 54, 7 mars 1947, p. 5, col. 7.

LECLERC, Félix, «J'ai écrit *Maluron*», XXXVIII, no 55, 8 mars 1947, p. 6, col. 5-6.

GRANDPRÉ, Jacques de, «*Maluron*», XXXVIII, no 56, 10 mars 1947, p. 5, col. 6.

ANONYME, «L'Action de la pièce de M. Félix Leclerc, XXXVIII, no 57, 11 mars 1947, p. 5, col. 6.

GRANDPRÉ, Jacques de, «La moralité sur nos scènes», XXXVIII, no 71, 27 mars 1947, p. 5, col. 6-7.

ANONYME, «Compagnons et MRT vainqueurs du Festival dramatique», XXXVIII, no 74, 31 mars 1947, p. 5, col. 5.

ANONYME, «*Les Gueux au paradis* chez les Compagnons», XXXVIII, no 80, 9 avril 1947, p. 5, col. 6.

ANONYME, «Le comique des *Gueux au paradis*», XXXVIII, no 85, 15 avril 1947, p. 5, col. 5.

ANONYME, «Les Compagnons n'iront pas à Prague», XXXVIII, no 90, 21 avril 1947, p. 5, col. 2.

GRANDPRÉ, Thérèse de, «*Les Gueux au paradis*», XXXVIII, no 91, 22 avril 1947, p. 5, col. 1-2.

ANONYME, «Les Compagnons iront-ils à London?», XXXVIII, no 95, 26 avril 1947, p. 6, col. 3.

ANONYME, «Notes biographiques sur Paul Dupuis», XXXVIII, no 100, 2 mai 1947, p. 5, col. 3.

ANONYME, «Le Festival dramatique s'ouvre dans le rire», XXXVIII, no 104, 7 mai 1947, p. 5, col. 6.

ANONYME, «Les Compagnons fort louangés à London», XXXVIII, no 107, 10 mai 1947, p. 11, col. 5-6.

153

ANONYME, «Concours de pièces de théâtre ouvert jusqu'au 31 déc.», XXXVIII, no 147, 28 juin 1947, p. 8, col. 5-6.

ANONYME, «La prochaine saison des Compagnons», XXXVIII, no 189, 18 août 1947, p. 5, col. 2.

GRANDPRÉ, Jacques de, «Les Compagnons et Molière», XXXVIII, no 197, 27 août 1947, p. 5, col. 3-4.

ANONYME, «La saison chez les Compagnons», XXXVIII, no 209, 11 sept. 1947, p. 5, col. 2.

ANONYME, «Au 10e anniversaire des compagnons», XXXVIII, no 212, 15 sept. 1947, p. 5, col. 3.

ANONYME, «Le théâtre espagnol chez les Compagnons», XXXVIII, no 213, 16 sept. 1947, p. 5, col. 5.

Communiqué, «Nouvel administrateur chez les Compagnons», XXXVIII, no 214, 17 sept. 1947, p. 5, col. 3.

ANONYME, «*La Savetière*», XXXVIII, no 215, 18 sept. 1947, p. 5, col. 2.

ANONYME, «Des variations à la Giraudoux», XXXVIII, no 219, 23 sept. 1947, p. 5, col. 5-6.

ANONYME, «Les Compagnons remportent un grand succès à Québec», XXXVIII, no 232, 8 oct. 1947, p. 5, col. 7.

ANONYME, «Ouverture de saison chez les Compagnons», XXXVIII, no 235, 11 oct. 1947, p. 5. col. 6.

GRANDPRÉ, Jacques de, «*L'Apollon* et *La Savetière*», XXXVIII, no 236, 14 oct. 1947, p. 2, col. 4.

ANONYME, «Oeuvre de Racine chez les Compagnons», XXXVIII, no 251, 31 oct. 1947, p. 6, col. 4.

ANONYME, «Tournée des Compagnons», XXXVIII, no 252, 3 nov. 1947, p. 5, col. 4.

ANONYME, «Les Compagnons jouent à guichet fermé», XXXVIII, no 261, 13 nov. 1947, p. 5, col. 7.

ANONYME, «les 280 ans d'*Andromaque*», XXXVIII, no 262, 14 nov. 1947, p. 5, col. 4.

ANONYME, «Taine et le théâtre de Racine», XXXVIII, no 263, 15 nov. 1947, p. 6, col. 3.

GRANDPRÉ, Jacques de, «*Andromaque*», XXXVIII, no 264, 17 nov. 1947, p. 5, col. 5.

TRUDEL, Fernand, «Le Triomphe d'*Andromaque*», XXXVIII, no 289, 17 déc. 1947, p. 5, col. 6-7.

1948

ANONYME, «Jeux de Chancerel par les Compagnons», XXXIX, no 8, 13 janv. 1948, p. 5, col. 5-6.

ANONYME, «Cinq pièces en un acte, salle du Gesù», XXXIX, no 9, 14 janv. 1948, p. 5, col. 2-3.

ANONYME, «*Jofroi,* un acte d'après J. Giono», XXXIX, no 10, 15 janv. 1948, p. 5, col. 6.

ANONYME, «Les Compagnons triomphent à Québec, XXXIX, no 20, 27 janv. 1948, p. 5, col. 6-7.

ANONYME, «Le Festival d'art dramatique», XXXIX, no 23, 30 janv. 1948, p. 5, col. 6.

VINCENT, Jean, «Le spectacle des Compagnons», XXXIX, no 25, 2 fév. 1948, p. 9, col. 5.

ANONYME, «Les Compagnons et *la Goutte de miel*», XXXIX, no 26, 3 fév. 1948, p. 9, col. 3-4.

ANONYME, «Spectacle coupé, aux Compagnons», XXXIX, no 28, 5 fév. 1948, p. 5, col. 3-4.

Communiqué, «*Lucrèce* d'André Obey, le 6 mars», XXXIX, no 39, 18 fév. 1948, p. 5, col. 7.

ANONYME, «Lucrèce et Tarquin vus par André Obey», XXXIX, no 40, 19 fév. 1948, p. 5, col. 3-4.

ANONYME, «Grande nouveauté par les Compagnons», XXXIX, no 43, 23 fév. 1948, p. 7, col. 6.

ANONYME, «Ceux qui changèrent la vertu de Lucrèce», XXXIX, no 47, 27 fév. 1948, p. 5, col. 3-4.

VINCENT, Jean, «Les Compagnons présenteront *Lucrèce*», XXXIX, no 55, 8 mars 1948, p. 5, col. 1-2.

ANONYME, «*Lucrèce*», XXXIX, no 59, 12 mars 1948, p. 5, col. 4-5.

ANONYME, «Pantomime, dialogue, narration et jeu entremêlés par Obey», XXXIX, no 62, 16 mars 1948, p. 5, col. 3.

ANONYME, «Les Compagnons dans *Le Bourgeois gentilhomme*», XXXIX, no 73, 30 mars 1948, p. 5, col. 4.

ANONYME, «Molière, satiriste de la sotte vanité», XXXIX, no 80, 7 avril 1948, p. 5, col. 5.

ANONYME, «Molière, librettiste d'opéra et chorégraphe», XXXIX, no 81, 8 avril 1948, p. 5, col. 6.

ANONYME, «Les Compagnons dans une impasse», XXXIX, no 82, 9 avril 1948, p. 5, col. 7.

ANONYME, «Molière devant ses commentateurs», XXXIX, no 85, 13 avril 1948, p. 5, col. 1.

ANONYME, «Molière veut des acteurs comiques», XXXIX, no 86, 14 avril 1948, p. 5, col. 7.

VINCENT, Jean, «*Le Bourgeois gentilhomme* par les Compagnons», XXXIX, no 88, 16 avril 1948, p. 5, col. 3-4.

ANONYME, «Les Compagnons perdent le prix Bessborough», XXXIX, no 102, 3 mai 1948, p. 5, col. 3-5.

ANONYME, «Le Théâtre des Compagnons», XXXIX, no 114, 18 mai 1948, p. 5, col. 2-3.

155

ANONYME, «Les Compagnons auront un nouveau théâtre», XXXIX, no 114, 18 mai 1948, p. 5, col. 4.

Communiqué, «Le nouveau Centre dramatique», XXXIX, no 161, 12 juill. 1948, p. 5, col. 4-5.

Communiqué, «*Le Bourgeois gentilhomme* contremandé», XXXIX, no 177, 30 juill. 1948, p. 5, col. 4.

ANONYME, «Les Compagnons à Rimouski», XXXIX, no 180, 3 août 1948, p. 5, col. 4.

Communiqué, «Les Compagnons ouvrent leur école», XXXIX, no 227, 23 sept. 1948, p. 5, col. 5-6.

Communiqué, «Les Compagnons présentent un succès de Broadway», XXXIX, no 230, 1er oct. 1948, p. 5, col. 7-8.

ANONYME, «*La Ménagerie de verre*», XXXIX, no 235, 7 oct. 1948, p. 5, col. 1-2.

Y. C., «À l'école des Compagnons», XXXIX, no 237, 9 oct. 1948, p. 5, col. 3.

ANONYME, «On dit chez les Compagnons...», XXXIX, no 239, 12 oct. 1948, p. 5, col. 4-5.

ANONYME, «Le nouveau théâtre des Compagnons», XXXIX, no 240, 13 oct. 1948, p. 5, col. 1-2.

ANONYME, «*La Ménagerie de verre*», XXXIX, no 242, 15 oct. 1948, p. 5, col. 5.

ANONYME, «Les Compagnons joueront le *Maître de Santiago*», XXXIX, no 245, 19 oct. 1948, p. 5, col. 4.

ANONYME, «La vie aventureuse de Tennessee Williams», XXXIX, no 247, 21 oct. 1948, p. 5, col. 7-8.

VINCENT, Jean, «Le tour du «Proprio» chez les Compagnons», XXXIX, no 251, 26 oct. 1948, p. 5, col. 4-5.

ANONYME, «Cinq minutes avec... le R. P. E. Legault», XXXIX, no 255, 30 oct. 1948, p. 38, col. 4.

Communiqué, «Représentations supplémentaires chez les Compagnons», XXXIX, no 267, 15 nov. 1948, p. 4, col. 3.

ANONYME, «*Le Noël sur la place*», XXXIX, no 288, 10 déc. 1948, p. 4, col. 3.

AUBIN, Michel, «Compagnons: vrai ou faux», XXXIX, no 303, 29 déc. 1948, p. 4, col. 1-2.

1949

VINCENT, Jean, «Soi-disant *Britannicus*», XL, no 10, 14 janv. 1949, p. 4, col. 4-5.

VINCENT, Jean, «Britannicus contre *Britannicus*», XL, no 17, 22 janv. 1949, p. 7, col. 5-6.

ANONYME, «Le comité Météor et les Compagnons», XL, no 33, 10 fév. 1949, p. 4, col. 4-5.

ANONYME, «Les Compagnons en tournée, retour à Montréal le 5 mars», XL, no 40, 18 fév. 1949, p. 4, col. 4-5.

Communiqué, «Les Compagnons vous conviennent à un spectacle de choix», XL, no 44, 23 fév. 1949, p. 4, col. 4-5.

ANONYME, «Chez les Compagnons», XL, no 53, 5 mars 1949, p. 6, col. 1-2.

VINCENT, Jean «Briser la statue», XL, no 54, 7 mars 1949, p. 5, col. 6.

ANONYME, «Une bonne nouvelle chez les Compagnons», XL, no 55, 8 mars 1949, p. 5, col. 6.

Comuniqué, «Résultat de la souscription chez les Compagnons», XL, no 61, 15 mars 1949, p. 5, col. 1-2.

ANONYME, «Les Compagnons participeront au Festival de Montréal», XL, no 63, 17 mars 1949, p. 5, col. 7-8.

ANONYME, «Le troisième élément du théâtre», XL, no 70, 25 mars 1949, p. 4, col. 3-4.

ANONYME, «En février 1950 — M. Robert Speaight jouera Le Meurtre dans la cathédrale sur la scène des Compagnons», XL, no 91, 20 avril 1949, p. 4, col. 3-5.

Communiqué, «Prochainement chez les Compagnons», XL, no 93, 22 avril 1949, p. 4, col. 6.

VINCENT, Jean, «La Paix», XL, no 101, 2 mai 1949, p. 4, col. 3.

Communiqué, «Deux dernières chances de voir La Paix chez les Compagnons», XL, no 117, 20 mai 1949, p. 4, col. 7-8.

ANONYME, «L'Illusion comique de Corneille au Chalet de la Montagne», XL no 167, 20 juill. 1949, p. 6, col. 3-4.

ANONYME, «Le père Legault en Europe», XL, no 167, 20 juill. 1949, p. 6, col. 5.

ANONYME, «Au Festival de Montréal», XL, no 169, 22 juill. 1949, p. 6, col. 1.

ANONYME, «L'Illusion comique de Corneille par les Compagnons au Chalet», XL, no 170, 23 juill. 1949, p. 5, col. 4-5.

Communiqué, «L'Illusion comique au Chalet demain soir», XL, no 173, 27 juill. 1949, p. 6, col. 1-2.

Communiqué, «Les Compagnons joueront les 3 et 5 août», XL, no 178, 2 août 1949, p. 6, col. 3-4.

Communiqué, «L'Illusion comique, vendredi prochain», XL, no 180, 4 août 1949, p. 6, col. 6.

MARCOTTE, Gilles, «L'Illusion comique est une honnête réussite», XL, no 183, 8 août 1949, p. 6, col. 4-5.

ANONYME, «L'Illusion comique — ce qu'en pensent ces messieurs de la presse», XL, no 185, 10 août 1949, p. 6, col. 6.

Communiqué, «Dernière chance de voir L'Illusion comique, ce soir», XL, no 187, 12 août 1949, p. 6, col. 2.

ANONYME, «Les Compagnons et les enfants...», XL, no 195, 22 août 1949, p. 5, col. 2.

Communiqué, «Audition des candidats à l'École dramatique des Compagnons», XL, no 204, 1er sept. 1949, p. 6, col. 2-3.

Communiqué, «Les Compagnons présentent officiellement leur saison», XL, no 216, 16 sept. 1949, p. 6, col. 3-4.

Communiqué, «*La Dame de l'aube*», XL, no 223, 24 sept. 1949, p. 7, col. 3.

Communiqué, «Le prochain spectacle des Compagnons», XL, no 225, 27 sept. 1949, p. 6, col. 4.

Communiqué, «Ce soir *La Dame de l'aube*», XL, no 227, 29 sept. 1949, p. 8, col. 3.

ANONYME, «Les Compagnons abandonnent l'anonymat», XL, no 227, 29 sept. 1949, p. 8, col. 4.

VINCENT, Jean «*La Dame de l'aube*», XL, no 228, 30 sept. 1949, p. 6, col. 1-2.

ANONYME, «Du nouveau chez les Compagnons», XL, no 245, 20 oct. 1949, p. 5, col. 7.

Communiqué, «Enfin du théâtre pour le peuple ce soir chez les Compagnons», XL, no 246, 21 oct. 1949, p. 5, col. 3-4.

ANONYME, «Molière chez les Compagnons», XL, no 251, 27 oct. 1949, p. 6, col. 7.

Communiqué, «Les Compagnons et leur ami Molière», XL, no 261, 9 nov. 1949, p. 5, col. 3.

ANONYME, «Théâtre populaire chez les Compagnons», XL, no 263, 11 nov. 1949, p. 6, col. 2.

Communiqué, «Molière vu par Jacques Copeau», XL, no 265, 14 nov. 1949, p. 6, col. 4-5.

ANONYME, «Les Compagnons jouent *Le Malada imaginaire*», XL, no 267, 16 nov. 1949, p. 6, col. 4-5.

ANONYME, «Neuf pièces de Molière en douze ans chez les Compagnons», XL, no 270, 19 nov. 1949, p. 6, col. 1-2.

Communiqué, «Molière, ce soir chez les Compagnons», XL, no 272, 22 nov. 1949, p. 6, col. 3.

VINCENT, Jean, «Du vrai Molière», XL, no 273, 23 nov. 1949, p. 6, col. 3.

Communiqué, «*Le Malade imaginaire* en 2e semaine chez les Compagnons», XL, no 287, 1er déc. 1949, p. 6, col. 1.

Communiqué, «*Mystère* du Moyen Âge et messe de minuit chez les Compagnons», XL, no 297, 22 déc. 1949, p. 6, col. 3-4.

ANONYME, «Le spectacle de Noël chez les Compagnons», XL, no 302, 28 déc. 1949, p. 6, col. 6.

Communiqué, «Chez les Compagnons cette semaine», XL, no 305, 31 déc. 1949, p. 6, col. 6-7.

ANONYME, «*Le Chant du berceau* chez les Compagnons», XLI, no 6, 10 janv. 1950, p. 6, col. 1-2.

ANONYME, «Théâtre populaire des Compagnons», XLI, no 7, 11 janv. 1950, p. 6, col. 1.

ANONYME, «*Le Chant du berceau* chez les Compagnons», XLI, no 9, 13 janv. 1950, p. 6, col. 4-5.

Y. G., «*Chant du berceau*», XLI, no 21, 27 janv. 1950, p. 6, col. 3.

ANONYME, «Les Compagnons aux États-Unis», XLI, no 24, 31 janv. 1950, p. 7, col. 1-2.

SPEAIGHT, Robert, «À la veille du *Meurtre dans la cathédrale*», XLI, no 27, 3 fév. 1950, p. 6, col. 3-5.

VINCENT, Jean, «*Le Meurtre dans la cathédrale*», XLI, no 29, 6 fév. 1950, p. 6, col. 3.

ANONYME, «Conférences illustrées par Robert Speaight», XLI, no 31, 8 fév. 1950, p. 6, col. 5.

ANONYME, «S. E. le Gouverneur Général chez les Compagnons», XLI, no 31, 8 fév. 1950, p. 6, col. 7-8.

ANONYME, «*Le Meurtre dans la cathédrale*», XLI, no 36, 14 fév. 1950, p. 6, col. 6.

ANONYME, «Robert Speaight, un vrai comédien», XLI, no 39, 17 fév. 1950, p. 6, col. 1.

ANONYME, «L'organisation du festival», XLI, no 41, 20 fév. 1950, p. 6, col. 4.

Communiqué, «Une comédie de «haute gresse» demain chez les Compagnons», XLI, no 63, 17 mars 1950, p. 6, col. 3-4.

ANONYME, «*Les Gueux au paradis*», XLI, no 64, 18 mars 1950, p. 6, col. 1-2.

GIROUX, Yvette, «*Les Gueux au paradis*», XLI, no 67, 22 mars 1950, p. 6, col. 6-7.

ANONYME, «*Le Chemin de la croix* chez les Compagnons», XLI, no 77, 3 avril 1950, p. 6, col. 1-2.

ANONYME, «Ni les Compagnons ni le McGill n'iront au Festival à Calgary», XLI, no 77, 3 avril 1950, p. 6, col. 7-8.

ANONYME, «Les Compagnons sont trop habitués aux compliments», XLI, no 79, 5 avril 1950, p. 6, col. 3-4.

ANONYME, «Le père Legault demande que le Festival désapprouve M. Wray», XLI, no 82, 10 avril 1950, p. 6, col. 7-8.

Communiqué, «*Roméo et Juliette* chez les Compagnons», XLI, no 85, 13 avril 1950, p. 6, col. 5-6.

ANONYME, «*Roméo et Juliette*», XLI, no 92, 21 avril 1950, p. 6, col. 2.

Communiqué, «Ce soir, première de *Roméo et Juliette*», XLI, no 95, 25 avril 1950, p. 6, col. 6.

VINCENT, Jean, «*Roméo et Juliette*», XLI, no 96, 26 avril 1950, p. 6, col. 4.5.

SPEAIGHT, Robert, « «Vous avez un théâtre», nous assure Robert Speaight, après un séjour chez les Compagnons», XLI, no 105, 6 mai 1950, p. 6, col. 1-4.

VINCENT, Jean, «Une surprise au Festival de Calgary», XLI, no 108, 10 mai 1950, p. 6, col. 3-4.

ANONYME, «*Orphée* chez les Compagnons», XLI, no 109, 11 mai 1950, p. 6, col. 4.

ANONYME, «La saison des Compagnons tire à sa fin...», XLI, no 110, 12 mai 1950, p. 6, col. 2.

ANONYME, «Le théâtre d'Arlequin chez les Compagnons», XLI, no 114, 17 mai 1950, p. 6, col. 3.

VINCENT, Jean, «*Orphée*», XLI, no 116, 19 mai 1950, p. 6, col. 4.

ANONYME, «Le théâtre d'Arlequin reprend *Orphée*», XLI, no 131, 9 juin 1950, p. 6, col. 4.

ANONYME, «Les Compagnons ne joueront pas «La Tragédie de l'homme» — mais *La Passion*, par des spécialistes», XLI, no 152, 5 juill. 1950, p. 6, col. 3-4.

ANONYME, «Les Compagnons montent *La Passion de Notre-Seigneur*», XLI, no 158, 12 juill. 1950, p. 6, col. 4-5.

ANONYME, «René Salvator Catta dans *La Passion*», XLI, no 176, 2 août 1950, p. 6, col. 3.

ANONYME, «Les Compagnons suivent l'exemple des habitants d'Oberammergau», XLI, no 178, 4 août 1950, p. 6, col. 6-7.

ANONYME, «Coup d'oeil sur Robert Prévost, le décorateur de *La Passion*», XLI, no 179, 5 août 1950, p. 6, col. 4-5.

ANONYME, «L'année sainte et *La Passion*», XLI, no 181, 8 août 1950, p. 6, col. 5-6.

LÉGER, Paul-Émile, «Son Excellence Mgr Paul-Émile Léger loue *La Passion* jouée à Saint-Laurent», XLI, no 194, 23 août 1950, p. 6, col. 4.

QUOY, E. de, «*La Passion* à Saint-Laurent», XLI, no 195, 24 août 1950, p. 6, col. 5.

Communiqué, «Matinée pour les enfants, le samedi», XLI, no 195, 24 août 1950, p. 6, col. 4.

ANONYME, «*La Passion* présentée sous les auspices des Syndicats nationaux», XLI, no 203, 2 sept. 1950, p. 6, col. 2.

ANONYME, «Tout le monde pourra voir *La Passion* à Saint-Laurent», XLI, no 207, 8 sept. 1950, p. 6, col. 3-4.

BLAIN, Marcel, «Les Compagnons présentent leur prochaine saison dramatique», XLI, no 208, 9 sept. 1950, p. 6, col. 3-4.

ANONYME, «Les Compagnons ont remporté la gageure», XLI, no 211, 13 sept. 1950, p. 6, col. 4.

Communiqué, «Reprise de *La Passion*», XLI, no 222, 26 sept. 1950, p. 6, col. 3.

Communiqué, «Dernières représentations de *La Passion*», XLI, no 225, 29 sept. 1950, p. 6, col. 3.

Communiqué, «L'École des Compagnons», XLI, no 255, 29 sept. 1950, p. 6, col. 4.

Communiqué, «*Perrichon* débute en gaieté», XLI, no 230, 5 oct. 1950, p. 6, col. 4.

BLAIN, Marcel, «*Le Voyage de Monsieur Perrichon*», XLI, no 231, 6 oct. 1950, p. 6, col. 6.

ANONYME, «Les High Schools chez les Compagnons», XLI, no 240, 17 oct. 1950, p. 6, col. 4.

Communiqué, «*La Première Légion* chez les Compagnons», XLI, no 247, 25 oct. 1950, p. 6, col. 4.

Communiqué, «*La Première Légion* d'Emmet Lavery chez les Compagnons», XLI, no 249, 27 oct. 1950, p. 6, col. 4.

AUTEUIL, Georges-Henri d', s.j., «Avant le lever du rideau sur *La Première Légion*», XLI, no 250, 28 oct. 1950, p. 7, col. 4-5.

BLAIN, Maurice, «Du meilleur au pire — *La Première Légion* chez les Compagnons», XLI, no 253, 2 nov. 1950, p. 6, col. 3.

Communiqué, «*La Première Légion* à la scène jusqu'au 19», XLI, no 261, 11 nov. 1950, p. 6, col. 5.

Communiqué, «Mistère du Moyen Âge et messe de minuit chez les Compagnons», XLI, no 286, 12 déc. 1950, p. 6, col. 2.

ANONYME, «Les Compagnons en tournée à Rimouski», XLI, no 292, 19 déc. 1950, p. 6, col. 4.

Communiqué, «Spectacle de Noël chez les Compagnons», XLI, no 296, 23 déc. 1950, p. 6, col. 8.

Communiqué, «Messe de minuit chez les Compagnons», XLI, no 299, 28 déc. 1950, p. 6, col. 5.

1951

ANONYME, «*Les Gueux au paradis* succès d'une reprise», XLII, no 3, 4 janv. 1951, p. 6, col. 3.

Communiqué, «Les Compagnons, programme de la nouvelle année», XLII, no 5, 8 janv. 1951, p. 6, col. 2.

Communiqué, «*La Locandiera* de Carlo Goldoni remise au 27», XLII, no 16, 20 janv. 1951, p. 6, col. 7-8.

BLAIN, Maurice, «*La Locandiera* chez les Compagnons», XLII, no 25, 31 janv. 1951, p. 6, col. 5-6.

ANONYME, «*Notre petite ville* chez les Compagnons», XLII, no 35, 12 fév. 1951, p. 6, col. 3.

Communiqué, « La première de *Notre petite ville* remise au 24 », XLII, no 37, 14 fév. 1951, p. 6, col. 4.

ANONYME, « *Notre petite ville* est l'histoire de tous les jours », XLII, no 43, 21 fév. 1951, p. 6, col. 2.

ANONYME, « Réalisme poétique de Thornton Wilder », XLII, no 45, 23 fév. 1951, p. 6, col. 4.

BLAIN, Maurice, « *Notre petite ville* de Thornton Wilder », XLII, no 48, 27 fév. 1951, p. 6, col. 3-4.

BLAIN, Maurice, « *Les Gueux au paradis* avec les Compagnons », XLII, no 48, 27 fév. 1951, p. 6, col. 5-6.

ANONYME, « *Notre petite ville* un grand succès des Compagnons », XLII, no 57, 9 mars 1951, p. 6, col. 2.

Communiqué, « *Notre petite ville* en deuxième reprise », XLII, no 61, 14 mars 1951, p. 6, col. 7.

Communiqué, « *Le Bal des voleurs* en dernier spectacle à la fin d'avril », XLII, no 63, 16 mars 1951, p. 6, col. 2.

ANONYME, « Les Compagnons battent un record », XLII, no 72, 28 mars 1951, p. 6, col. 5.

Communiqué, « *Notre petite ville* en dernière semaine », XLII, no 78, 4 avril 1951, p. 6, col. 2.

ANONYME, « *Le Bal des voleurs* de Jean Anouilh chez les Compagnons », XLII, no 90, 18 avril 1951, p. 6, col 3.

ANONYME, « Pierre Mercure et *Le Bal des voleurs* », XLII, no 93, 21 avril 1951, p. 6, col. 5.

ANONYME, « Jean Anouilh nous parlera du théâtre, ce soir », XLII, no 95, 24 avril 1951, p. 6, col. 7.

BLAIN, Maurice, « Le Bal des voleurs chez les Compagnons », XLII, no 96, 25 avril 1951, p. 6, col. 5-6.

ANONYME, « Les Compagnons dans *Le Mystère de la messe* », XLII, no 114, 17 mai 1951, p. 6, col. 1.

ANONYME, « Les Compagnons remportent le trophée Bessborough », XLII, no 117, 21 mai 1951, p. 6, col. 3-4.

ANONYME, « *Le Mystère de la messe:* un spectacle symbolique », XLII, no 124, 29 mai 1951, p. 6, col. 6.

BLAIN, Maurice, « Jean Gascon à la direction des Compagnons? », XLII, no 126, 31 mai 1951, p. 6, col. 5-6.

BLAIN, Maurice, « *Le Mystère de la messe,* un grandiose spectacle », XLII, no 127, 1er juin 1951, p. 6, col. 2.

SOMERSET, Dorothy, « Témoignage d'une canadienne anglaise sur les Compagnons », XLII, no 133, 8 juin 1951, p. 6, col. 6-7.

BLAIN, Maurice, « Paul Dupuis de retour chez les Compagnons », XLII, no 149, 28 juin 1951, p. 6, col. 1-3.

Communiqué, « Les Compagnons préparent une brillante rentrée », XLII, no 215, 15 sept. 1951, p. 6, col. 5-6.

162

Communiqué, «Auditions à l'Atelier des Compagnons, lundi», XLII, no 221, 27 sept. 1951, p. 7, col. 4.

ANONYME, «Jacques Auger avec les Compagnons dans *Henri IV*», XLII, no 230, 3 oct. 1951, p. 6, col. 6.

Communiqué, «Nouveaux professeurs chez les Compagnons», XLII, no 236, 10 oct. 1951, p. 6, col. 6.

Communiqué, «Distribution de *Henri IV* chez les Compagnons», XLII, no 236, 10 oct. 1951, p. 6, col. 6.

ANONYME, «Luigi Pirandello, grand illusionniste», XLII, no 239, 13 oct. 1951, p. 6, col. 6.

BLAIN, Maurice, «Luigi Pirandello, maître illusionniste chez les Compagnons», XLII, no 242, 17 oct. 1951, p. 6, col. 5.

ANONYME, «*La Bergère* de Ghéon avec décors de Michel Ambrogi», XLII, no 261, 9 nov. 1951, p. 6, col. 5.

ANONYME, «*Les Fourberies* devant la critique de New York», XLII, no 262, 10 nov. 1951, p. 6, col. 3.

Communiqué, «*Les Fourberies* en première ce soir chez les Compagnons», XLII, no 264, 13 nov. 1951, p. 6, col. 7.

BLAIN, Maurice «*Les Fourberies* avec Georges Groulx», XLII, no 265, 14 nov. 1951, p. 6, col. 2-3.

ANONYME, «Triomphe de Molière chez les Compagnons», XLII, no 268, 17 nov. 1951, p. 6, col. 4.

ANONYME, «*La Bergère* de Ghéon avec les Compagnons à la JICF de Verdun», XLII, no 274, 24 nov. 1951, p. 6, col. 3.

ANONYME, «L'«oncle Sébastien» de retour sur la scène des Compagnons», XLII, no 274, 24 nov. 1951, p. 6, col. 8.

Communiqué, «*Les Fourberies* en troisième semaine chez les Compagnons», XLII, no 275, 26 nov. 1951, p. 6, col. 4.

ANONYME, «Le P. Émile Legault invité à Toronto», XLII, no 283, 5 déc. 1951, p. 6, col. 3-4.

Communiqué, «Reprise de Molière et Musset les 8 et 9», XLII, no 283, 5 déc. 1951, p. 6, col. 6.

ANONYME, «Chez les Compagnons», XLII, no 286, 10 déc. 1951, p. 6, col. 7.

Communiqué, «L'Atelier présente *La Bergère* de Ghéon», XLII, no 288, 12 déc. 1951, p. 6, col. 7.

ANONYME, «Retour de Choquette au théâtre chez les Compagnons», XLII, no 296, 21 déc. 1951, p. 6, col. 7.

Communiqué, «Les Bergers, Piphagne et Babar au Théâtre des Compagnons», XLII, no 302, 29 déc. 1951, p. 6, col. 4.

1952
Communiqué, «Fédérico Garcia Lorca chez les Compagnons», XLIII, no 8, 10 janv. 1952, p. 6, col. 2-3.

BLAIN, Maurice, «*Les Noces de sang* chez les Compagnons», XLIII, no 19, 23 janv. 1952, p. 6, col. 5-6.

ANONYME, «L'éléphant Babar est malade chez les Compagnons», XLIII, no 22, 26 janv. 1952, p. 6, col. 4.

Communiqué, «Les Compagnons jouent *La Passion* du 5 au 11 avril», XLIII, no 24, 29 janv. 1952, p. 6, col. 7.

Communiqué, «*Les Noces de sang* en dernière semaine», XLIII, no 28, 2 fév. 1952, p. 6, col. 5.

ANONYME, «*La Passion* sera montée à grands frais», XLIII, no 31, 6 fév. 1952, p. 6, col. 7.

ANONYME, «Théâtre pour enfants chez les Compagnons», XLIII, no 33, 8 fév. 1952, p. 6, col. 3.

ANONYME, «Garcia Lorca à Paris et à Montréal», XLIII, no 34, 9 fév. 1952, p. 6, col. 5-6.

Communiqué, «Avant-première de *Fédérigo* chez les Compagnons», XLIII, no 39, 15 fév. 1952, p. 6, col. 6.

Communiqué, «Les Marionnettes et Babar remis à la semaine prochaine», XLIII, no 39, 15 fév. 1952, p. 6, col. 7.

GRANDMONT, Eloi de, «*Fédérigo* un conte de Laporte», XLIII, no 42, 19 fév. 1952, p. 6, col. 1.

BLAIN, Maurice, «Jean Coutu — Fédérigo en quête d'auteur», XLIII, no 43, 20 fév. 1952, p. 6, col. 2-3.

ANONYME, «*Fédérigo:* un acte de foi», XLIII, no 48, 26 fév. 1952, p. 6, col. 7.

ANONYME, «Les Compagnons vont créer une pièce de Pierre Emmanuel», XLIII, no 51, 29 fév. 1952, p. 6, col. 2-3 .

ANONYME, «Décors créés par un expert», XLIII, no 54, 4 mars 1952, p. 6, col. 5.

Communiqué, «Les Compagnons présenteront *La Passion*», XLIII, no 59, 10 mars 1952, p. 6, col. 1.

Communiqué, «Ce soir chez les Compagnons», XLIII, no 60, 11 mars 1952, p. 6, col. 5.

ANONYME, «Les décors de *La Passion*», XLIII, no 65, 17 mars 1952, p. 6, col. 1.

ANONYME, «*Fédérigo* et le MRT», XLIII, no 66, 18 mars 1952, p. 6, col. 6-7.

Communiqué, «*Fédérigo* continu», XLIII, no 67, 19 mars 1952, p. 6, col. 3.

Communiqué, «Deux dernières représentations de *Fédérigo*», XLIII, no 75, 28 mars 1952, p. 6, col. 5.

ANONYME, «Décors construits sur chariots pour *La Passion*», XLIII, no 78, 1er avril 1952, p. 6, col. 4.

ANONYME, «*La Passion* réalisation d'un rêve», XLIII, no 80, 3 avril 1952, p. 6, col. 7.

ANONYME, «Le Théâtre Mariste chez les Compagnons», XLIII, no 85, 9 avril 1952, p. 6, col. 6.

Communiqué, «Propos sur la prochaine pièce des Compagnons», XLIII, no 89, 15 avril 1952, p. 6, col. 7.

ANONYME, «*L'Honneur de Dieu* chez les Compagnons», XLIII, no 95, 22 avril 1952, p. 6, col. 5.

BLAIN, Maurice, «*L'Honneur de Dieu* de Pierre Emmanuel», XLIII, no 96, 23 avril 1952, p. 6, col. 2-3.

Communiqué, «Trois dernières représentations de *L'Honneur de Dieu*», XLIII, no 107, 6 mai 1952, p. 6, col. 3.

Communiqué, «Les Compagnons rentrent d'une première tournée en province», XLIII, no 139, 13 juin 1952, p. 6, col. 4-5.

BLAIN, Maurice, «Bilan de la saison dramatique», XLIII, no 140, 14 juin 1952, p. 6, col. 2-3.

ANONYME, «Les Compagnons au Congrès eucharistique de Mont-Laurier», XLIII, no 42, 17 juin 1952, p. 6, col. 2-3.

ANONYME, «Les Compagnons à Mont-Laurier», XLIII, no 149, 26 juin 1952, p. 6, col. 5.

ANONYME, «Les Compagnons joueront dans un chantier de construction», XLIII, no 150, 27 juin 1952, p. 6, col. 4-5.

ANONYME, «Les Compagnons continuent leurs activités régulières», XLIII, no 191, 13 août 1952, p. 6, col. 4-6.

BLAIN, Maurice, «Hommage aux Compagnons», XLIII, no 206, 30 août 1952, p. 7, col. 1-2.

GASCON, Jean, de GRANDMONT, Éloi, ROUX, Jean-Louis..., «Ils avaient gagné leur droit de cité», XLIII, no 206, 30 août 1952, p. 7, col. 3-4.

ANONYME, Les Compagnons ne sont plus», XLIII, no 207, 2 sept. 1952, p. 6, col. 3.

CAILLOUX, André, «Lettres au *Devoir*. La relève des Compagnons est prête...», XLIII, no 219, 16 sept. 1952, p. 4, col. 5-6.

CHAPUT-ROLLAND, Solange, «L'oeuvre des Compagnons ne peut pas mourir», XLIII, no 231, 30 sept. 1952, p. 5, col. 3-4.

1954

Communiqué, «Une Conférence du P. Legault au club Canadien», XLIII, no 97, 28 avril 1954, p. 7, col. 4.

Autres journeaux

GINGRAS, Claude, «Entrevue avec le père Émile Legault», *La Presse,* 12 fév. 1963, p. 32.

GERMAIN, Jean-Claude, «le Père Legault ne fera plus jamais de théâtre: «On n'avait plus besoin d'un moine dans ce monde-là» », *Le Petit Journal,* 42e année, no 22, 24 mars 1968, p. 48, col. 1-5, p. 49, col. 1-2.

IV. — DOCUMENTS INÉDITS

Les Compagnons de saint Laurent présentent «Le Jeu de saint Laurent du Fleuve» mis à la scène par l'auteur Henri Ghéon, Programme d'août 1938.

Les Compagnons de saint Laurent présentent «Le Misanthrope» de Molière, Programme de décembre 1939.

«Le Mystère de la messe» réalisé par les Compagnons de saint Laurent, Programme d'été 1940.

«Athalie» réalisée par les Compagnons de saint Laurent, Programme de mai 1941.

Les Compagnons de saint Laurent sur la scène de l'Ermitage: «Le Jeu d'Adam et Ève» et de «Robin et Marion», Programme d'octobre 1941.

Les Compagnons de saint Laurent: «Noé», Programme de février 1942.

Les Compagnons de saint Laurent: «l'Échange» de Claudel, Programme de mars 1942.

Molière avec les Compagnons de saint Laurent sur la scène de L'Ermitage: «le Mariage forcé» et «Sanctus» de Félix Leclerc, Programme de février 1943.

«Le Comédien et la Grâce» chez les Compagnons de saint Laurent, Programme de juillet 1943.

Les Compagnons de saint Laurent sur la scène de L'Ermitage: «Le Barbier de Séville» de Beaumarchais, Programme de février 1944.

«Les Fourberies de Scapin»: Molière à L'Ermitage, Programme d'octobre 1944.

«Un songe de nuit d'été», Programme d'août 1945.

«Huon de Bordeaux» au Collège de Saint-Laurent, Programme de 1947.

Les Compagnons de saint Laurent: «Lucrèce» et «Le Bourgeois gentilhomme», Programme d'avril 1948.

Les Compagnons de saint Laurent: «La Passion de Notre-Seigneur», Programme d'août 1950.

Deux mots d'histoire, anonyme et non daté (dossier personnel de Mlle Alice Legault).

LEGAULT, Émile, «Quelques notes d'adresse des interprètes de *La Passion»,* adresse (dossier personnel de Mlle Alice Legault).

LEGAULT, Émile, «Six années d'activité dramatique», *Le Comédien et la Grâce* (dossier personnel de Mlle Alice Legault).

«Mémoire sur les Compagnons», brochure non signée, *Histoire des Compagnons,* 1952 (dossier personnel de Mlle Alice Legault).

Appendice I

Voici la liste des pièces jouées (1937-1952) par les Compagnons de saint Laurent.

Il y a quatre périodes distinctes, attribuables aux déplacements géographiques de la troupe des Compagnons de saint Laurent, sous la direction du père Émile Legault;

1. 1938-1942, au Collège de Saint-Laurent.
2. 1942-1945, à L'Ermitage.
3. 1945-1948, au Gesù.
4. 1948-1952, au Théâtre des Compagnons.

Il faut aussi mettre en évidence une évolution capitale que nous pourrions résumer en trois points suivant l'ordre chronologique du répertoire allant de 1938 à 1952:

1. Passage d'un théâtre chrétien à un théâtre profane (1938-1943).
2. Passage d'un répertoire classique (XVIIe siècle) à un répertoire romantique, puis moderne et contemporain (1944-1946).
3. Passage d'un théâtre exclusivement français à un théâtre international (1947-1952).

TITRE	GENRE	AUTEUR	SAISON	THÉÂTRE
1. Celle qui la porte fit s'ouvrir	Jeu marial	Louis Barjon, s.j.	13, 14, 15 août 1937	Église Saint-Laurent, Église Notre-Dame de Montréal
2. La Bergère au pays des loups	Pastorale sacrée	Henri Ghéon	27, 29 nov., 4, 6 déc. 1937	Auditorium du Collège de Saint-Laurent
3. Le Noël sur la place	Jeu chrétien en 3 parties	Henri Ghéon	18, 21, 24, déc. 1937	Auditorium du Collège de Saint-Laurent
4. Le Mystère de la messe	Drame liturgique	Henri Ghéon	24, 26 juin 1938	Plaines d'Abraham, Québec
5. Le jeu de saint Laurent du fleuve	Drame magistral	Henri Ghéon	10, 11, 12, 13, 23, 25, 26 août 1938	Terrasses du Collège de Saint-Laurent Auditorium du Collège de Saint-Laurent
6. La Farce du pendu dépendu	Farce en 3 actes	Henri Ghéon	10 oct. 1939	Auditorium du Collège de Saint-Laurent
7. La Fille du sultan et le bon jardinier	Jeu chrétien en 3 actes	Henri Ghéon	9 nov. 1939	Auditorium du Collège de Saint-Laurent
8. Le Misanthrope	Comédie	Molière	4, 6, 7, 13, 15 déc. 1939 10, 24, fév. 1940	Auditorium du Collège de Saint-Laurent
9. Le Noël sur la place	Jeu chrétien en 3 parties	Henri Ghéon	21, 24 déc. 1939	Auditorium du Collège de Saint-Laurent
10. Britannicus	Tragédie	Racine	6, 8, 9, 10, 11, 12, 13, 20, 27 avril 1940	Auditorium du Collège de Saint-Laurent

11.	Le Mystère de la messe	Drame liturgique	Henri Ghéon	20, 24, 29 juin, 1er, 3, 5, 6 juill. 1940	Stade Molson
12.	Le Mystère de la messe	Drame liturgique	Henri Ghéon	26 oct., 7, 9, 13, 15, 16 17, 18, 19, 20, 21 nov. 1940	Auditorium du Plateau
13.	Les Femmes savantes	Comédie	Molière,	28, 30 nov., 5, 7, 12, 14 déc. 1940	Auditorium du Plateau
14.	Le Noël sur la place	Jeu chrétien en 3 parties	Henri Ghéon	19, 21, 24, 28 déc. 1940	Auditorium du Plateau
15.	La Farce du pendu dépendu	Farce en 3 actes	Henri Ghéon	27 fév. 1940	Salle du Très-Saint-Sacrement
16.	Athalie	Tragédie	Racine	26, 27, 28, 29 mai 1941	Monument national
17.	Le Mort à cheval	Miracle chrétien	Henri Ghéon	4 oct. 1941	Auditorium du Collège de Saint-Laurent
	La Tour	Jeu dramatique	Léon Chancerel	8 oct. 1941	Palestre nationale
18.	Le Jeu de Nostre-Dame	Jeu marial	Louis Barjon, s.j., Adapté par les Compagnons	21 oct. 1941	Forum de Montréal
19.	Le Noël sur la place	Jeu chrétien en 3 parties	Henri Ghéon	18 déc. 20 déc. 23 déc., 24 déc. 1941	Séminaire de Sainte-Thérèse Saint-Jean-Baptiste-de-Lasalle Saint-Alphonse-d'Youville Oratoire Saint-Joseph
20.	Noé	Drame moderne	André Obey	5, 6, 7, 12 fév. 1942	L'Ermitage

TITRE	GENRE	AUTEUR	SAISON	THÉÂTRE
21. L'Échange	Drame lyrique	Paul Claudel	2, 3, 4 mars 1942	L'Ermitage
22. Le Jeu de saint Laurent du fleuve	Drame magistral	Henri Ghéon	23, 24, 26, 27 juin 1942	Stade Molson
23. Le Mystère de la messe	Drame liturgique	Henri Ghéon	14 oct. 1942	Église Saint-Jacques-le-Majeur
24. L'Échange	Drame lyrique	Paul Claudel	22 oct. 1942	L'Ermitage
25. Le Jeu d'Adam et Eve	Mystère du Moyen Âge	Anonyme, adapté par Gustave Cohen	29, 30, 31 oct. 1942.	L'Ermitage
Le Jeu de Robin et Marion	Opéra comique	Adam De La Halle, adapté par Gustave Cohen	29, 30, 31 oct. 1942	L'Ermitage
26. L'Annonce faite à Marie	Drame lyrique, mystère en 4 actes et 1 prologue	Paul Claudel	4, 5, 12, 18, 19 déc. 1942	L'Ermitage
27. Le Noël sur la place	Jeu chrétien en 3 parties	Henri Ghéon	23, 24, 28, 29 déc. 1942	L'Ermitage
28. Le Jeu de Robin et Marion	Opéra comique	Adam de La Halle, adapté par Gustave Cohen	16 janv. 1943	L'Ermitage
29. Sanctus	Poème dramatique	Félix Leclerc	11, 12, 13 fév. 1943	L'Ermitage
Le Mariage forcé	Comédie	Molière	11, 12, 13 fév. 1943.	L'Ermitage
30. Le Jeu de Robin et Marion	Opéra comique	Adam de La Halle, adapté par Gustave Cohen	22 fév. 1943	Auditorium du Collège de Saint-Laurent
Le Mariage forcé	Farce	Molière	22 fév. 1943.	Auditorium du Collège de saint Laurent

31.	Le Comédien et la Grâce	Drame chrétien	Henri Ghéon	6, 7, 8 mai 1943	L'Ermitage
32.	La Vie profonde de saint François	Jeu chrétien	Henri Ghéon	2, 5, 6 nov. 1943	L'Ermitage
33.	Le Noël sur la place	Jeu chrétien en 3 parties	Henri Ghéon	24 déc. 1943	L'Ermitage
34.	Le Chant du berceau	Comédie dramatique	Gregorio Y Maria Martinez Sierra	24, 26, 28, 29 janv. 1944	L'Ermitage
35.	Le Barbier de Séville	Comédie satirique	Beaumarchais	24, 25, 26 fév. 2, 3, 4, 10, 11 mars 1944	L'Ermitage
36.	Le Chant du berceau	Comédie dramatique	Gregorio Y Maria Martinez Sierra	7, 17, 18 mars 1944	l'Ermitage
37.	La Vie profonde de saint François	Jeu chrétien	Henri Ghéon	12 avril 1944	L'Ermitage
38.	Le Barbier de Séville	Comédie satirique	Beaumarchais	15 avril 1944	L'Ermitage
39.	Les Fourberies de Scapin	Farce	Molière	21, 23, 24, 25, 27, 28 oct. 1944	L'Ermitage
	Les Boulingrins	Comédie	Georges Courteline	21, 23, 24, 25, 27, 28 oct. 1944.	L'Ermitage
40.	Orphée	Tragédie en l acte	Jean Cocteau	11, 15, 17, 18 nov. 1944	L'Ermitage
	Oedipe-Roi	Tragédie en l acte et l intervalle	Jean Cocteau	11, 15, 17, 18 nov. 1944.	L'Ermitage
41.	Le Noël sur la place	Jeu chrétien en 3 parties	Henri Ghéon	24 déc. 1944	L'Ermitage

TITRE	GENRE	AUTEUR	SAISON	THÉÂTRE
42. Le Pauvre sous l'escalier	Tragi-comédie	Henri Ghéon	17, 19, 20, 21, 23, 24 fév., 3 mars 1945	L'Ermitage
43. Les Fourberies de Scapin	Farce	Molière	7 mars 1945	Auditorium du Collège de Saint-Laurent
44. Pichrocole	Tragi-comédie	Rabelais, adapté par Léon Chancerel	20, 21, 24, 25, 27, 28 avril 1945	L'Ermitage
Les Irascibles	Jeu dramatique	Léon Chancerel	20, 21, 24, 25, 27, 28 avril 1945.	L'Ermitage
45. Les Fourberies de Scapin	Farce	Molière	22 sept. 1945	L'Ermitage
46. On ne badine pas avec l'amour	Comédie satirique	Alfred de Musset	1er, 2, 3, 8, 9, 10 nov. 1945	Gesù
47. Noé	Drame moderne	André Obey	15, 16, 17, 22, 23, 24 nov. 1945	Gesù
48. La Farce du pendu dépendu	Farce en 3 actes	Henri Ghéon	27 nov. 1945	Monument national
49. Le Jeu de l'amour et du hasard	Comédie	Marivaux	29, 30 nov., 1er, 6, 7, 8 déc. 1945	Gesù
50. Le Noël sur la place	Jeu chrétien en 3 parties	Henri Ghéon	24 déc. 1945	Gesù
51. Le Bal des voleurs	Comédie-ballet	Jean Anouilh	7, 8, 9, 14, 15, 16 mars 1946	Gesù
52. La Nuit des rois	Comédie romantique	Shakespeare	21, 22, 23, 28, 29 30 mars 4, 5, 6 avril 1946	Gesù

No.	Titre	Genre	Auteur	Dates	Lieu
53.	Antigone	Tragédie	Jean Anouilh	25, 26, 27, 28, 30, 31 mai, 1er juin 1946	Gesù
54.	Les Romanesques	Comédie satirique	Edmond Rostand	12, 14, 17, 18, 19 oct. 1946	Gesù
55.	Le Médecin malgré lui	Farce	Molière		Gesù
	Les Précieuses ridicules	Comédie	Molière	30 nov. 2, 3, 5, 6, 7, déc. 1946	Gesù
56.	Le Noël sur la place	Jeu chrétien en 3 parties	Henri Ghéon	24 déc., 27 déc. 1946	Université de Montréal École Baril, Montréal
57.	Leocadia	Comédie dramatique	Jean Anouilh	1er, 3, 4, 6, 7, 8 fév. 1947	Gesù
58.	Maluron	Fantaisie dramatique	Félix Leclerc	8, 10, 11, 13, 15 mars 18 mars 1947	Gesù Auditorium du Collège de Saint-Laurent
59.	Le Médecin malgré lui	Farce	Molière	25, 26, 27, 28 mars 1947	Auditorium Sun Life
60.	Les Gueux au paradis	Comédie fantastique	G.-M. Martens et André Obey	18, 19, 21, 22, 24, 25, 26 avril 1947	Gesù
61.	Le Jeu des deux mondes	Jeu chrétien	Roger Varin	29 juin 1947	Stade Molson
62.	La Savetière prodigieuse	Farce moderne	Fédérico Garcia Lorca	11, 14, 16, 17, 18, 21, 23, 24, 25 oct. 1947	Gesù
	L'Apollon de Bellac	Comédie poétique	Jean Giraudoux		Gesù

TITRE	GENRE	AUTEUR	SAISON	THÉÂTRE
63. Andromaque	Tragédie	Racine	15, 18, 20, 21, 22 25, 27, 28, 29 nov. 1947	Gesù
64. Antigone	Tragédie	Jean Anouilh	29 janv. 1948	Auditorium Sun Life
65. La Goutte de miel	Jeu dramatique	Léon Chancerel	31 janv., 3, 5, 6, 7, 12, 13, 14 fév. 1948	Gesù
Au paradis ou les quatre vieux	Jeu dramatique	Léon Chancerel		
Les Noces impromptues ou le plaisant verdict	Intermède burlesque	Léon Chancerel		
C'était une histoire	Fantaisie burlesque	Jacques Tournier		
Jofroi	Paysannerie	Jean-Pierre Grenier		
66. Le Viol de Lucrèce	Drame poétique	André Obey	6, 9, 11, 12, 13, 18, 19, 20 mars 1948	Gesù
67. Antigone	Tragédie	Jean Anouilh	11, 13, 18 mars 1948	Gesù
68. Le Bourgeois gentilhomme	Comédie-ballet	Molière	10, 13, 15, 16, 17, 22, 23, 24 avril 1948	Gesù
69. Antigone	Tragédie	Jean Anouilh	30 avril 1948	Gesù
70. Antigone	Tragédie	Jean Anouilh	20, 21, 22 mai 1948	Théâtre des Compagnons

71.	Le Bourgeois gentilhomme	Comédie-ballet	Molière	25, 27, 28, 29 mai 1948	Théâtre des Compagnons
72.	La Ménagerie de verre	Drame réaliste	Tennessee Williams	28, 29, 30 oct., 2, 3, 4, 5, 6, 9 10, 11, 12, 13, 15, 16 nov. 1948	Théâtre des Compagnons
73.	Le Noël sur la place	Jeu chrétien en 3 parties	Henri Ghéon	24, 28, 29 , 30, 31 déc. 1948 4, 5, 6, 11 janv. 1949	Théâtre des Compagnons
74.	Britannicus	Tragédie	Racine	13, 14, 15, 18, 19, 20, 21, 22 janv. 1949	Théâtre des Compagnons
75.	Briser la statue	Drame religieux	Gilbert Cesbron	5, 6, 9, 10, 11, 12, 13, 16, 17, 18, 19, 23, 24, 25, 26, 29, 30, 31 mars, 1er, 2 avril 1949	Théâtre des Compagnons
76.	La Paix	Comédie féerique	Aristophane, adapté par François Porché	30 avril, 3, 4, 5, 6, 7, 10, 11, 12, 13, 14, 17, 18, 19, 20, 21 mai 1949	Théâtre des Compagnons
77.	L'Illusion comique	Comédie	Corneille	6, 7, 8, 10, 12 août 1949	Parc du Mont-Royal
78.	La Dame de l'aube	Comédie fantaisiste	Alejandro Casona	29, 30 sept., 1er, 4, 5, 6, 7, 8, 9, 11, 12, 13, 14, 15 oct. 1949	Théâtre des Compagnons

TITRE		GENRE	AUTEUR	SAISON	THÉÂTRE
79.	Le Médecin volant	Farce	Molière	21, 23, 24, 27, 28, 30 oct. 12 nov. 1949	Théâtre des Compagnons
	L'Impromptu de Barbe-Bleue	Comédie	Charles Vildrac	21, 23, 24, 27, 28, 30 oct. 12 nov. 1949	Théâtre des Compagnons
80.	Le Malade imaginaire	Comédie	Molière	22, 23, 24, 25, 26, 29, 30 nov., 1er, 2, 3, 4, 6, 7, 8, 9, 10 déc. 1949	Théâtre des Compagnons
81.	Le Noël sur la place	Jeu chrétien en 3 parties	Henri Ghéon	24, 26, 27, 29, 30, 31 déc. 1949	Théâtre des Compagnons
82.	Le Mistère de la Nativité de Nostre-Saulveur	Mystère chrétien	Arnould Gréban	24, 29, 31 déc. 1949	Théâtre des Compagnons
83.	Le Chant du berceau	Comédie dramatique	Gregorio Y Maria Martinez Sierra	14, 15, 16, 17, 18, 19, 20, 21, 22 janv. 1950	Théâtre des Compagnons
84.	Meurtre dans la cathédrale	Tragédie	T. S. Eliot	4, 7, 8, 9, 10, 11, 14 15, 16, 17, 18, 19, 21, 22, 23, 24, 25 fév. 1950	Théâtre des Compagnons
85.	Le Chemin de la croix	Drame sacré	Henri Ghéon	2, 4, 11 fév. 1950	Théâtre des Compagnons
86.	Les Gueux au paradis	Comédie fantastique	G.-M. Martens et André Obey	18, 19, 21, 23, 24, 25, 26, 27, 28, 30, 31 mars, 1er, 2 avril 1950	Théâtre des Compagnons
87.	Le Chemin de la croix	Drame sacré	Henri Ghéon	4, 5, 6, 7 avril 1950	Théâtre des Compagnons

88.	Roméo et Juliette	Tragédie	Shakespeare	25, 27, 28, 29, 30 avril. 2, 4, 5, 6, 7, 9, 11, 12, 13 mai 1950	Théâtre des Compagnons
89.	La Passion de Notre-Seigneur	Drame sacré	André Legault, c.s.c.	12, 13 août 18, 19, 20, 26, 27 août, 2, 3, 4, 9, 10, 16, 17, 30 sept., 1er oct. 1950	Auditorium du Collège de Saint-Laurent Théâtre des Compagnons
90.	Le Voyage de Monsieur Perrichon	Comédie	Eugène Labiche	5, 6, 7, 8, 10, 12 13, 14, 15, 17, 18, 19, 21, 22 oct. 1950	Théâtre des Compagnons
91.	La Première Légion	Drame religieux	Emmet Lavery	31 oct., 1er, 2, 3, 4, 5, 7, 8, 9, 10, 11, 12, 14, 15, 16, 17, 18, 19 nov. 1950	Théâtre des Compagnons
92.	Le Mystère de la Nativité de Nostre-Saulveur	Mystère chrétien	Arnould Gréban	24, 31 déc. 1950	Théâtre des Compagnons
93.	Les Gueux au Paradis	Comédie fantastique	G.-M. Martens et André Obey	28, 29, 30 déc. 1950 3, 4, 5, 6 janv. 1951	Théâtre des Compagnons
94.	La Locandiera	Comédie	Carlo Goldoni	27, 28, 30, 31 janv., 1er, 2, 3, 4, 6, 7, 8, 9, 10, 11 fév. 1951	Théâtre des Compagnons

TITRE	GENRE	AUTEUR	SAISON	THÉÂTRE
Les Irascibles	Jeu dramatique	Léon Chancerel	26 fév. 1951	Auditorium Sun Life
95. Notre Petite ville	Comédie dramatique	Thornton Wilder	24, 25, 27, 28, fév.. 1er, 2, 3, 17, 24, 25, 27, 28, 29, 30, 31 mars 1951	Théâtre des Compagnons
96. La passion de Notre-Seigneur	Drame sacré	André Legault, c.s.c.	1er, 3, 4, 5, 6, 7 avril 1951	Théâtre des Compagnons
97. Le Bal des voleurs	Comédie-ballet	Jean Anouilh	24, 25, 26, 27, 28, 29 avril, 1er, 2, 3, 4, 5, 6, 8, 9, 10 mai 1951	Théâtre des Compagnons
98. Le Mystère de la messe	Drame liturgique	Henri Ghéon	31 mai 1951	Stade de Lorimier
99. Henri IV	Tragédie	Luigi Pirandello	16, 18, 19, 20, 21, 23, 25, 26, 27, 28 oct.. 1er, 2, 3, 4 nov. 1951	Théâtre des Compagnons
100. Un Caprice	Comédie	Alfred de Musset	13, 15, 16, 17, 18, 20, 22, 23, 24, 25, 27, 29, 30 nov.. 1er, 2, 4, 8, 9 déc. 1951	Théâtre des Compagnons
Les Fourberies de Scapin	Farce	Molière		
101. Les Bergers à la crèche	Féerie de Noël	Robert Choquette	24, 31 déc. 1951	Théâtre des Compagnons
102. Les Noces de sang	Tragédie moderne	Fédérico Garcia Lorca	22, 23, 24, 25, 26, 27, 29, 30, 31 janv.. 1er, 2, 3, 6, 7, 8, 9, 10 fév. 1952	Théâtre des Compagnons

No.	Titre	Genre	Auteur	Dates	Lieu
103.	Fédérigo	Drame moderne	René Laporte	16, 19, 20, 21, 22, 23, 24, 26, 28, 29 fév. 1er, 2, 4, 6, 7, 8, 9, 11, 13, 14, 15, 16, 19, 21, 22, 23, 28, 29, 30 mars 1952	Théâtre des Compagnons
104.	Le Comédien et la Grâce	Drame chrétien	Henri Ghéon	18, 20, 21, 22, 23 mars 1952	Théâtre des Compagnons
105.	La Passion de Notre-Seigneur	Drame sacré	André Legault, c.s.c.	7, 8, 9, 10 avril, 6, 11 avril 1952	Théâtre des Compagnons Palais du Commerce
106.	L'Honneur de Dieu	Drame religieux	Pierre Emmanuel	22, 24, 25, 26, 27, 30 avril, 1er, 2, 3, 4, 6, 10, 11 mai 1952	Théâtre des Compagnons
107.	Le Mystère de la messe	Drame liturgique	Henri Ghéon	26 juin 1952	Mont-Laurier

Appendice II

Voici la liste, que nous pensons à peu près complète des personnes qui ont contribué aux efforts des Compagnons de Saint-Laurent entre 1937 et 1952. Nous y incluons ceux qui ont appartenu à la troupe sur une base régulière et ceux qui ont collaboré à l'occasion.

La liste a été établie d'après les trois périodes que nous avons cru distinguer dans l'évolution du groupe. Nous voulons souligner que la démarcation entre les trois périodes est arbitraire.

1937-1942

NOM	FONCTION
Roger Varin	Comédien
Norman Hartenstein	Comédien
François Zalloni	Comédien
Marguerite Groulx-Jalbert	Comédienne
Jeannine Morissette	Comédienne
Suzanne Vaudrin	Comédienne
Marie Lambert	Comédienne
François Bertrand	Comédien
Paul Dupuis	Comédien
Marthe Létourneau	Comédienne
Vincent Paquette	Comédien
Marcel Paré	Comédien
Maurice Valiquette	Comédien
Pierre Dagenais	Comédien
Sita Riddez	Comédienne
Lucie Dagenais	Comédienne
François Lavigne	Comédien
Georges Groulx	Comédien

Rolande Lamoureux	Comédienne
Roger Garand	Comédien
Jean-Louis Roux	Comédien
Jean Choquet (1939-1946)	Régisseur

1942-1948

NOM	FONCTION
Jean de Rigault	Comédien
Jacqueline Dupuis	Comédienne
Jean Gascon	Comédien
André Gascon	Comédien
Jean-Pierre Masson	Comédien
Gilles Corbeil	Comédien
Edgar Tessier	Comédien
Thérèse Cadorette	Comédienne
Charlotte Boisjoli	Comédienne
Florent Forget	Comédien
Jean Coutu	Comédien
Guy Mauffette	Comédien
Denise Vachon	Comédienne
Lucille Cousineau	Comédienne
Marthe Thierry	Comédienne
Guy Provost	Comédien
Bertrand Gagnon	Comédien
Denise Pelletier	Comédienne
Yves Létourneau	Comédien
Robert Provost	Comédien
Jean-Paul Fugère	Comédien
Hélène Loiselle	Comédienne
Renée David	Comédienne
Félix Leclerc	Comédien
Robert Prévost	Décorateur-costumier
André Jasmin	Décorateur-costumier
Charles Daudelin	Décorateur-costumier
Jean de Belleval	Décorateur-costumier
Alfred Pellan	Décorateur-costumier

1948-1952

NOM	FONCTION
Guy Hoffman	Comédien
Denise Pelletier	Comédienne
Aimé Major	Comédien
Lionel Villeneuve	Comédien
Madeleine Langlois	Comédienne
Jacques Létourneau	Comédien
Yvette Thuot	Comédienne
Marcelle David	Comédienne
Gabriel Gascon	Comédien
Gaétan Labrèche	Comédien
Louis Bédard	Comédien
Madeleine Lévesque	Comédienne
Huguette Benfante	Comédienne
Colette Courtois	Comédienne
Paule Bayard	Comédienne
Carmen Tremblay	Comédienne
Marie Fitzgerald	Comédienne
Suzanne Rivard	Comédienne
Thérèse David	Comédienne
Huguette Viel	Comédienne
Paul Blouin	Comédien
André Payette	Comédien
Claude Lévesque	Comédien
Robert Rivard	Comédien
Yves Cousineau	Comédien
Raymond Fafard	Comédien
Jean Dion	Comédien
Laurent Lévesque	Comédien
André Bellemare	Comédien
Jean Daignault	Comédien
Guy Godin	Comédien
Marcel Houle	Comédien
Céline Dussault	Comédienne
Lise Ouimet	Comédienne
René Verne	Comédien
Estelle Mauffette	Comédienne
René Salvator-Catta	Comédien
Denise Provost	Comédienne
Françoise Faucher	Comédienne
Louis de Santis	Comédien

NOM	FONCTION
André Cailloux	Comédien
Guy da Silva	Comédien
Huguette Oligny	Comédienne
Claude David	Comédien
Raymond David	Comédien
Paul David	Comédien
Marie Bertrand	Comédienne
Francine Montpetit	Comédienne
Claude de Sorcy	Comédien
Jean Deslauriers	Comédien
Jean-Louis Paris	Comédien
Henri Norbert	Comédien
Jacques Auger	Comédien
Julien Bessette	Comédien
Guy Bélanger	Comédien
Ginette Letondal	Comédienne
Hélène Villeneuve	Comédienne
Robert Rivard	Comédien
Jean Duceppe	Comédien
Jacques Languirand	Comédien
Gilles Pelletier	Comédien
Jean-Paul Ladouceur	Décorateur-costumier
Claude Perrier	Décorateur-costumier
Louis-Philippe Beaudoin	Décorateur-costumier
Georges Campeau (1946-1952)	Régisseur
Yves Vien (1947-1952)	Administrateur

Table des matières

Achevé d'imprimer à Montréal par Les Presses Élite,
pour le compte des Éditions Fides,
le trentième jour du mois d'août de l'an
mil neuf cent soixante-dix-huit.

Imprimé au Canada

Dépôt légal — 3e trimestre 1978
Bibliothèque nationale au Québec